高职高专金融类"十四五"规划系列教材

农村金融基础

NONGCUN JINRONG JICHU

主编　郑晓燕

中国金融出版社

责任编辑：王　君
责任校对：李俊英
责任印制：陈晓川

图书在版编目（CIP）数据

农村金融基础/郑晓燕主编 . —北京：中国金融出版社，2021.8
高职高专金融类"十四五"规划系列教材
ISBN 978 - 7 - 5220 - 1259 - 9

Ⅰ.①农…　Ⅱ.①郑…　Ⅲ.①农村金融—高等职业教育—教材　Ⅳ.①F830.34

中国版本图书馆 CIP 数据核字（2021）第 141980 号

农村金融基础
NONGCUN JINRONG JICHU

出版
发行　中国金融出版社

社址　北京市丰台区益泽路 2 号
市场开发部　（010）66024766，63805472，63439533（传真）
网 上 书 店　www. cfph. cn
　　　　　　（010）66024766，63372837（传真）
读者服务部　（010）66070833，62568380
邮编　100071
经销　新华书店
印刷　保利达印务有限公司
尺寸　185 毫米 × 260 毫米
印张　8.25
字数　186 千
版次　2021 年 9 月第 1 版
印次　2024 年 1 月第 2 次印刷
定价　30.00 元
ISBN 978 - 7 - 5220 - 1259 - 9
如出现印装错误本社负责调换　联系电话（010）63263947

前　　言

本教材是浙江金融职业学院农村金融专业建设成果之一。教材编写从高职教学的特点出发，注重学生专业能力、职业素质、学习能力的培养，降低知识理论深度，加强分析、解决实际问题的职业技能，可用于农村金融专业教学和农村金融知识普及。

本教材的主要内容包括农村金融概述、传统农村金融机构与服务、新型农村金融机构与服务、农业保险、农产品期货、农村信用担保、农村典当与租赁、农村民间金融等。本教材力求通俗易懂，对主要的农村金融相关理论和问题进行了客观论述；教材对我国农村金融改革实践进行了总结概括，在讲述过程中注重培养学生分析、解决实际问题的能力；教材内容的安排既充分考虑农村金融专业人才培养目标的要求，又避免和其他专业课程重复。本教材实用性和针对性较强，同时具有一定的启发性，适合高职学生的培养特点。本教材既可作为高职院校农村金融、农林经济管理相关专业教学使用，也可供农村金融机构员工培训使用，还可作为农村居民的金融知识普及读物，是发展普惠金融、助力乡村振兴的重要参考资料。

本教材由浙江金融职业学院郑晓燕老师担任主编，凌海波老师和应诚炜老师参与编写。本教材共八章，各章的编写老师如下：郑晓燕：第一章、第二章、第六章、第七章；凌海波：第四章、第五章；应诚炜：第三章、第八章。教材由郑晓燕老师拟订编写大纲并总纂定稿，凌海波老师在大纲拟订、改稿等方面做了大量工作。

教材编写过程中参考了现有的农村金融学教材和大量相关文献，吸收了其中的一些最新研究成果，在此表示感谢！

由于编者水平有限，教材中疏漏和不足之处在所难免，敬请广大专家和读者批评指正。

编者

2021 年 6 月

目　　录

第一章
农村金融概述
NONGCUN JINRONG GAISHU

农村金融即农村货币资金的融通，也就是如何运用信用手段筹集、分配和管理农村货币资金的活动，它是农村资金运动、信用活动和货币流通三者的统一。本章从农村金融与农村经济、中国农村金融改革发展、国外农村金融三方面展开论述，从而对农村金融的基本情况形成系统、全面的认识。

第一节　农村金融与农村经济

一、农村金融的概念

农村金融是农村范畴金融活动的总称，具体包括农村货币资金的融通、农村信用关系、农村金融机构、农村金融市场、农村金融产品和服务等。农村金融有广义与狭义之分。狭义的农村金融是指农业信贷，即以农业为服务对象、以金融机构存贷款为主要手段所提供的筹融资服务活动。早期的农村金融主要指农业信贷。广义的农村金融是服务于农村的各种金融活动的总称，业务上不仅包括信贷，还包括保险、证券、租赁、信托等；在行业上不仅包括农业，也包括农村的非农产业。当前，我国农村金融指广义的农村金融，农村金融机构快速发展，农村金融产品和服务不断创新，农村融资方式和融资渠道不断拓展，竞争机制也被逐步引入农村金融市场。

二、农村金融与农村经济的关系

农村金融是农村经济大系统中的一个子系统，同时也是金融大系统中的一个子系统。农村金融属于农村经济范畴，是农村经济的重要组成部分，农村金融发展如何，取决于农村经济状况。农村金融发展的快慢，可以影响农村经济发展的速度，也可以影响农村金融发展的区域、产业、行业等结构，最终影响农村经济发展的质量。农村金融亦属于金融范畴，是整个金融体系的构成单元。金融是经济的核心，是经济发展的助推器，也是国家宏观调控的重要手段，农村金融当然也不例外。农村金融包含一系列内涵丰富的金融产品和服务，与整体金融保持一致。农村金融系统运动既是金融系统运动的一部分，又是农村经济系统的一部分；既具有金融的一般特征，又具有与农村经济需求相一致的独特形态。

（一）农村金融的地位

农村金融是农村金融活动、农村金融机构和农村资金需求者的有机结合。农村金融在农村经济发展中居于中介地位，是农村经济网络中的枢纽组织，在农村经济结构中起导向作用。

1. 农村金融在农村经济发展中居于中介地位。农村金融机构和组织通过各类金融服务，为农村经济发展提供货币资金的再分配，充当农村经济运行中的信用和支付中介，通过重新分配社会闲置货币资金从而实现对生产资料的再分配，同时，通过影响农村各类经济主体的消费行为，实现消费资料的再分配。农村金融作为农村经济发展的中介，加速了农村经济发展。

2. 农村金融是农村经济网络中的枢纽组织。农村各行各业、各个经济主体，在农村内部以及城乡之间，形成了巨大的经济网络。农村经济主体之间的资金往来都需要通过金融机制完成，社会闲置资金通过金融机构或金融市场进入农村金融领域，再通过贷款等金融活动流向资金需求者。农村金融在农村经济网络中的枢纽地位，既有利于农村经济发展，也有利于政府对农村经济的宏观调控。

（二）农村金融的职能作用

农村金融的作用是与它的职能紧密联系在一起的，职能发挥的效果就是它的作用。农村金融的职能是通过信用手段筹集、调节、分配货币资金，从而调节货币流通和实现货币资金的再分配，因而它的作用主要表现在以下几个方面。

1. 融通农村资金，支持农村经济发展。农村经济的发展需要大量的资金支持，除了自筹资金外，更多的需要借助金融机构实现资金的筹集和分配。随着农村金融机构的不断完善、农村金融产品和服务不断创新，农村资金需求者获取资金的渠道逐渐多样化，极大地促进了农村经济的发展。

2. 调节农村货币资金，稳定农村经济发展。农村金融机构能够比较全面地了解农村经济主体的经济活动，同时又可以利用各种金融活动和金融手段对农村经济主体产生影响。政府可以通过政策性金融手段调控农村金融市场，适时调控农村货币供应的数量、结构和利率，从而调节农村经济发展的规模、结构和速度，稳定农村经济发展。

3. 管理农村货币资金，促进农村经济发展。农村金融机构和组织具有专业的资金管理能力，能够合理有效地管理农村区域的资金流，提高资金使用效率。金融机构可以实现资金的跨区域、跨行业流动，保证资金短缺地区的资金流入和资金富余地区的资金流出。金融机构和市场的介入，也可以实现资金在不同时点的调节，能够保证农村货币资金的充分有效使用，促进农村经济发展、农民增收。

三、农村金融理论流派

农村金融理论是以现代金融基本理论为框架，结合农业的特点及国情而衍生的金融理论体系。受现代金融发展理论的影响，在发展中国家的农村金融领域有三种不同的理论流派，即农业信贷补贴理论、农村金融市场理论和不完全竞争市场理论。

农业信贷补贴理论认为，农村居民没有储蓄能力，农村面临的是资金不足问题。由于农业的产业特性（收入的不确定性、投资的长期性、低收益性等），商业银行出于利润动机不可能为农村提供所需资金。因此，政府需要从外部注入低息的政策性资金，并建立非营利性的专业金融机构进行资金分配。

20世纪80年代，农村金融市场理论逐渐取代了农业信贷补贴理论。该理论认为，农村金融资金的缺乏并不是因为农民没有储蓄能力，而是由于农村金融体系中不合理的金融安排（如政府管制、利率控制等）抑制了其发展。该理论提出要发挥金融市场作用，减少政府干预，实现利率市场化，实现农村储蓄和资金供求的平衡；取消专项特定目标贷款制度，适当发展非正规金融市场等。

20世纪90年代又出现了不完全竞争市场理论。该理论认为，市场机制并不是万能的，对于稳定金融市场而言，合理的政府干预也是必要的。对于农村金融市场而言，因为存在不完全信息，放款一方（金融机构）对于借款人的情况不能充分掌握，如果完全依靠市场机制可能无法培育出农村社会所需要的金融机构。为此，有必要采用诸如政府适当介入金融市场以及借款人的组织化等非市场措施。

第二节　中国农村金融改革发展

一、计划经济制度下的农村金融改革

在计划经济制度下，与中央高度集权的经济管理体制相适应，我国的农村金融发展经历了以下两个阶段。

（一）以农村信用合作社为主体的农村金融兴起时期（1949—1957年）

这一阶段主要的改革措施包括：第一，在农村广泛试办农村信用合作社。到1957年底，全国80%的乡都设立了农村信用合作社，共有农村信用合作社88 368个。而在1949年底，全国仅有800多家农村信用合作社。尽管这一时期农村信用合作社的规模小，管理也不够完善，但其合作性质还是得到了充分的体现，总体发展比较健康。第二，1951年成立农业合作银行，负责办理农业、林业、水利等方面的投资拨款业务，并领导农村信用合作社。但1952年农业合作银行就被撤销，由中国人民银行农村金融管理局负责领导和管理农村金融工作。第三，1955年正式成立中国农业银行，其主要任务是指导农村信用合作社、广泛动员农村结余资金、合理使用国家农业贷款、辅助农业生产发展、促进对小农经济的社会主义改造。但由于县级以下的基层农业银行与人民银行之间职责划分不清，1957年国务院又决定撤销中国农业银行，并入中国人民银行管理。这

一阶段的银行撤并比较注重政治因素，而农村经济发展对金融组织的要求则经常被忽略。

（二）农村金融发展停滞的时期（1958—1978 年）

这一阶段主要的改革措施包括：第一，1958 年农村信用合作社被下放给人民公社管理，1959 年进一步下放给生产大队管理，在"极左"路线的影响下，合作制被严重扭曲。农村信用合作社的财务管理和业务经营主要受生产大队领导，盈亏由生产大队核算，丧失了独立自主经营的地位。第二，1962 年恢复了农村信用合作社的独立地位，业务上受中国人民银行领导，并在 1963 年重建了中国农业银行，统一管理支农资金及农业贷款，并统一领导农村信用合作社的工作。第三，1965 年中国农业银行第三次被撤销，1966 年农村信用合作社再次被下放给人民公社、生产大队管理。由于正常的信用关系被破坏，资金被大量挪用，存款也迅速减少。

这一时期农村金融制度模式的典型特点是：（1）农村金融市场上的金融工具种类单一，仅有存款和贷款两种金融工具。除了银行信贷市场以外，严格意义上的货币市场和资本市场根本不存在。（2）利率管制严格，利率不能根据农村经济金融实际情况进行灵活的调整。（3）农村金融机构组织制度一元化。从组织制度看，表面上是国家银行（时而是人民银行，时而是农业银行）与农村信用合作社同时共存的二元格局，但是在高度集权经济体制的环境中，农村信用社（以下简称农信社）已经由创办时的合作金融性质变为国家金融性质，成为地地道道的国家银行的附属物。所以组织制度实际上是一元特征。

二、改革开放以后的农村金融改革

1978 年开始的农村金融体制改革，经历了四个阶段复杂的政策演变，但始终保持着自上而下、政府主导、强制性、渐进式的改革路径，农村经济主体信贷需求难的核心问题始终无法得到根本上的解决。

党的十七届三中全会重新部署农村改革发展大计，明确提出"建立现代农村金融制度"，着眼于为农村发展提供充足的资金支持；把制度建设作为推进新一轮农村改革发展的重要抓手，现代农村金融制度建设已经破题。

改革之路布满荆棘、充斥着争议。农村金融能否通过机制改革实现商业性的可持续，国有商业银行撤出农村金融市场后留下的真空由谁来填补，政策性金融与商业性金融如何承载国家的惠农财政政策，走向市场化的农村信用社能否回归合作本质，顽强生存的民间金融何时能够浮出水面，一系列棘手的问题始终困扰着农村金融改革的进展。

2006 年底，银监会出台政策，首次放宽农村金融机构的准入门槛，开放农村金融市场，此举被誉为新一轮以增量为突破口的农村金融体制改革正式破冰的标志。

改革开放以后，我国农村金融改革大致经历了四个阶段。

（一）重建农村金融体系（1978—1993 年）

1978 年，中国的改革之路自下而上从农民分田到户开始；与其同步的农村金融改革选择了自上而下的道路，从恢复中国农业银行起步。

1978 年之前，中国没有单独为农村真正提供服务的金融组织，下放给人民公社管理的农村信用社等金融部门，只是作为储蓄动员的机器存在。随着包产到户的实施，2 亿多农户从人民公社和生产大队的体制下逐步解放出来，重新成为农村经济主体，农村金融的交易对象由原来的 2.6 万个人民公社变成了 2 亿多个农户，原有的城乡合一、动员储蓄的金融机制无法适应这种变化，重新构建单独的农村金融机构成为必然。于是，以恢复农业银行为标志的第一次中国农村金融改革轰轰烈烈地拉开了帷幕。1979 年 2 月，国务院下发《关于恢复农业银行的通知》，祖籍广东开平、届时 64 岁的经济专家方皋出任总行行长。

脱离了人民公社时期"政社合一"体制的农村信用社找到了新的"婆家"，成为农业银行的基层机构，走上了"官办"的道路，这与改革的初衷并不一致。

1984 年 8 月，国务院批转《中国农业银行关于改革信用社管理体制的报告》，提出把农村信用社真正办成群众性的合作金融组织，恢复"三性"，即组织上的群众性、管理上的民主性、经营上的灵活性。

事与愿违。实行经营责任制后，农信社的实力得到明显增强，存贷业务占当时农村金融市场业务量的六成以上。但由于其"官办二银行"的行政色彩日趋浓厚，恢复"三性"成为一纸空文。1984 年农信社的存贷比例为 0.41，到了 1996 年下降为 0.22，农信社从农村"抽血"的局面已经初步形成。

正规金融提供的金融服务远远不能满足农村融资的需求，非正规的民间借贷找到了生存的空间。当时的中央政府对其采取支持的态度。1981 年 5 月，国务院批转《中国农业银行关于农村借贷问题的报告》，肯定了民间借贷的作用。

1984 年，河北省康宝县芦家营乡正式建立了中国第一个农村合作基金会。由此开始，农村合作基金会呈星火燎原之势在全国各地迅速发展，其操作上的违规和监管上的缺失，为 20 世纪 90 年代末的农村金融风波埋下了隐患。

总之，这一阶段的主要改革措施是恢复和成立新的金融机构。一是在 1979 年恢复中国农业银行，并改变了传统的运作目标，明确提出大力支持农村商品经济，提高资金使用效益；二是随着人民公社体制的瓦解，农村信用合作社也重新恢复了名义上的合作金融组织地位，农村信用合作社虽不是农业银行的基层机构，但它接受中国农业银行的管理；三是放开了对民间信用的管制，允许民间自由借贷，允许成立民间合作金融组织，同时允许成立的还有一些农业企业的财务公司，企业集资异常活跃；四是允许多种融资方式并存，包括存款、贷款、债券、股票、基金、票据贴现、信托、租赁等多种信用手段。

（二）农村金融体系框架的构筑阶段（1994—1996 年）

这一阶段的改革进一步明确了改革的目标和思路，提出了要建立和完善以合作金融为基础，商业性金融、政策性金融分工协作的农村金融体系。具体而言，这个农村金融体系包括以工商企业为主要服务对象的商业性金融机构（中国农业银行），主要为农户提供服务的合作金融机构（中国农村信用合作社），支持整个农业开发和农业技术进步、保证国家农副产品收购以及体现并实施其他国家政策的政策性金融机构（中国农业发展银行）。这一框架设计通常被称为"三驾马车"。

1994 年成立中国农业发展银行，试图通过该银行的建立将政策性金融业务从中国农业银行和农村信用合作社业务中剥离出来；同时，加快了中国农业银行商业化的步伐，包括全面推行经营目标责任制，对信贷资金进行规模经营，集中管理贷款的审批权限，等等；另外，继续强调农村信用社商业化改革。根据 1993 年《国务院关于金融体制改革的决定》，计划在 1994 年基本完成县联社的组建工作，1995 年大量组建农村信用合作银行。但是，实际进度远远落后于这一阶段所设计的目标。另外一个重要的政策变化就是规定农村信用合作社不再受中国农业银行管理，农村信用社的业务管理改由县联社负责，对农村信用社的金融监督管理职责由中国人民银行直接承担。

在中国农村金融第二轮改革中，"三驾马车"的政策设计意图曾给改革的实践者和农民带来无限美好的期望。

1994 年 4 月，中国农业发展银行成立，承担从农业银行剥离出来的政策性金融业务，由此被赋予了政策性农村金融的使命。中国农业银行则开始向国有商业银行转型。

这一轮改革的核心是要把农村信用社从越走越远的"官办"路上拉回来，重新赋予"民办合作金融"的性质。

1996 年 8 月，《国务院关于农村金融体制改革的决定》明确要求，农村信用社与农业银行脱离行政隶属关系，由中国人民银行监管，逐步改为"由农民入股、由社员民主管理、主要为入股社员服务的合作性金融组织"。

至此，农村金融"三驾马车"的基本框架已经构建。按照改革的设计意图，中国农业银行发放商业性贷款，农业发展银行发放政策性贷款，农村信用社则按照合作制原则发放小额农户贷款，形成商业金融、政策金融、合作金融三位一体、分工合作、符合农村融资需求的金融体系。

但是，实际运行的结果却与政策意愿大相径庭：不是"三驾马车"并驾齐驱的昌盛局面，而是农村资金供求矛盾日益恶化的窘境。"三驾马车"偏离农村。

20 世纪 90 年代后期，国有商业银行在逐利动机下纷纷逃离农村，中国农业银行也开始"洗脚上田"，逐渐撤并基层分支机构，悄悄地退出了农村信贷市场。

邮政储蓄是唯一遍及中国县乡的金融机构，它们为农民提供存款、汇兑等基本金融服务，但长期以来"只存不贷"，被称作从农村虹吸资金回流城市的主渠道。

于是，农村信用社成为农村金融的"主力军"，甚至被赋予支农的政策性职能，农村金融业呈现出"一农支三农"的尴尬局面。

（三）农村信用社主体地位的形成及农村金融改革的逐步深化阶段（1997—2004 年）

在经历了亚洲金融危机和 1997 年开始的通货紧缩后，我国在强调继续深化金融体制改革的同时，也开始重视对金融风险的控制，这在客观上强化了农村信用合作社对农村金融市场的垄断。在这一阶段的改革中，一是开始在国有专业银行中推行贷款责任制；二是收缩国有专业银行战线，1997 年全国金融工作会议确定了"各国有商业银行收缩县（及以下）机构，发展中小金融机构，支持地方经济发展"的基本策略，包括中国农业银行在内的国有商业银行开始日渐收缩县及县以下机构；三是打击各种非正规金融活动，对民间金融行为进行管制，1999 年在全国范围内撤销农村信用合作基金会，并对其进行清算；四是将农村金融体制改革的重点确定为对农村信用合作社的改革，且进入 2003 年以来这一政策趋势日益明显且力度不断加大，主要包括放宽对农村信用合作社贷款利率浮动范围的限制，加大国家财政投入以解决农村信用合作社的不良资产问题，推动并深化信用合作社改革试点工作等。

正规农村金融"三驾马车"的改革设计走到了尽头，农村信用社成为唯一还坚守农村信贷市场的正规金融机构，自然而然第三轮改革的重点为农信社的改革。2003 年 11 月底，国务院批准了 8 省（直辖市）（浙江、山东、江西、贵州、吉林、重庆、陕西和江苏）农村信用社改革实施方案，这标志着深化农村信用社改革试点工作已进入全面实施阶段；2004 年 8 月，国务院又批准了北京、天津、河北、山西、内蒙古、辽宁、黑龙江、上海、安徽、福建、河南、湖北、湖南、广东、广西、四川、云南、甘肃、宁夏、青海、新疆等 21 个省（自治区、直辖市）作为进一步深化农村信用社改革的试点地区。

这轮农信社的改革，国家希望重点解决两个问题：一是以法人为单位，改革信用社产权制度，明晰产权关系，完善法人治理结构；二是改革信用社管理体制，将信用社的管理交由地方政府负责，成立农村信用社省（市）级联社。2003 年 3 月，中国银监会成立，农信社的监管职能转入银监会。

农信社的新一轮改革取得了突破性的进展，逐步形成了农村商业银行、农村合作银行、县级农信社统一法人、县乡两级法人等多种产权制度。2004 年，全国农村信用社在整体亏损 10 年后，首次实现盈利。

2005 年，时任广东省金融办主任的罗继东，领命组建广东省农村信用社联合社。罗继东认为，农村金融改革不能退回到合作制，只能走股份制的道路；并提出"一行两制"的模式，即省内发达地区合并组建省级农村银行，欠发达地区保留农信社的独立法人地位。这个改革思路尚未完全得到落实。

（四）农村金融改革持续加快深化阶段（2005 年至今）

党的十六届五中全会提出了建设社会主义新农村的重大课题，建设社会主义新农村，必须坚持以发展农村经济为中心，而发展农村经济离不开农村金融的支持。农村金融作为农村经济发展中最为重要的资本要素配置制度，其作用越来越明显，农村金融改革也受到了前所未有的重视，国家频繁出台有关农村金融的重大政策。2007 年 1 月 19 日至 20 日第三次全国金融工作会议在北京举行，会议决定从多方面采取有效措施，加强农村金融服务，为建设社会主义新农村提供有力的金融支持。第一，加快建立健全适应"三农"特点的多层次、广覆盖、可持续的农村金融体系；第二，健全农村金融组织体系，充分发挥商业性金融、政策性金融、合作性金融和其他金融组织的作用；第三，推进农村金融组织创新，适度调整和放宽农村地区金融机构准入政策，降低准入门槛，鼓励和支持发展适合农村需求特点的多种所有制金融组织，积极培育多种形式的小额信贷组织；第四，加强和改进监管，防范风险隐患；第五，大力推进农村金融产品和服务创新，积极发展农业保险；第六，加大对农村金融的政策支持。

第三次全国金融工作会议指明了农村金融改革的方向，为我国农村金融改革搭建了一个整体框架，国家将在信贷、建立农村保险市场、大宗农产品期货市场三个方向推进农村金融服务。在坚持农业银行和农业发展银行作为农村金融支柱和骨干作用的同时，大力培育以县级法人为单位的农信社联社。与此同时，大力发展乡镇银行、专业贷款组织、信用合作组织，构建多层次的金融服务机构。

2008年4月，中国第一个官方性质的格莱珉模式小额信贷项目试点在海南省琼中县悄然开展。这个专门为农村贫困妇女提供小额贷款的项目，完全移植了孟加拉国乡村银行的成功理念。

乡村银行的创办者、被誉为"穷人的银行家"的尤努斯教授凭借创立格莱珉模式获得2006年诺贝尔和平奖。这个消息也为中国的金融监管层提供了启示，开放农村金融市场的改革新政由此酝酿。

2006年12月，银监会发布《调整放宽农村地区银行业金融机构准入政策的若干意见》，首次允许产业资本和民间资本到农村地区新设银行，并提出要在农村增设村镇银行、贷款公司和农村资金互助社三类金融机构。开放农村金融市场的政策意图十分明显，被金融界称作第四轮中国农村金融改革的破冰之举。

2007年3月1日，中国第一批四家农村新型金融机构挂牌成立，它们是吉林磐石融丰村镇银行、吉林东丰诚信村镇银行、四川仪陇惠民村镇银行、四川仪陇惠民贷款有限责任公司。

2007年3月9日，中国第一家全部由农民自愿入股组建的农村合作金融机构——百信农村资金互助社在吉林四平梨树县闫家村正式挂牌营业。

2008年，试点范围从6个省（自治区）扩大到全国31个省（自治区、直辖市），一系列扶持和规范新型农村金融机构的政策文件出台。来自银监会的数据显示，到2008年底，新型农村金融机构数量超过100家。

著名经济学家茅于轼认为，中国农村金融改革自由、开放的大方向已经确定，但步伐还稍显缓慢，要在新型金融机构的股东组成上进一步放开。

随着农村金融市场准入门槛的放宽，中央政府对民间金融的限制也开始出现松动。早在2005年，人民银行在五个省市推动"只贷不存"的小额信贷公司试点，意在引入竞争和推动民间金融的正规化。由人民银行起草的《放贷人条例》草案提交国务院法制办。2014年，《放贷人条例》更名为《非存款类放贷组织条例》。2015年8月，国务院法制办发布《非存款类放贷组织条例（征求意见稿）》。

新型农村金融机构和民间金融的日渐活跃，促进了"老资历"正规金融机构改革的进展。2007年3月，中国邮政储蓄银行正式成立，邮政储蓄只存不贷的历史宣告结束，定期存单、小额质押贷款等服务农村的业务已在全国铺开。

2007年初，中国农业银行的新一轮改革方针厘定，即"面向'三农'、整体改制、商业运作、择机上市"，宣告回归"三农"的同时，几经波折的股改大幕正式拉开，股份制改革进入实质性操作阶段。2007年9月，农业银行选择吉林、安徽、福建、湖南、广西、四川、甘肃、重庆等8个省（自治区、直辖市）开展面向"三农"金融服务试点。2008年3月，农业银行开始推动在6个省11个二级分行开始"三农"金融事业部改革试点。2008年8月，农业银行总行设立"三农"金融事业部，全面推动全行"三农"金融事业部制改革。2009 年 1 月 15 日，中国农业银行整体改制为中国农业银行股份有限公司。2010 年 7 月，中国农业银行分别在上海证券交易所和香港联合交易所挂牌上市。

中国农村金融不缺少大银行，缺的是小而强、贴近农村的中小金融机构，因此稳定县级农信社法人地位尤为重要。农村金融政策仍有继续放开的空间，构建完善的多层次、广覆盖、可持续的现代农村金融体系还有很长的路要走。

第三节　国外农村金融

不同国家由于农村经济的发展水平和金融制度的发育状况不同，其农村金融体制也不同。本节将主要介绍美国、日本农村金融发展的经验。

一、美国农村经济及农村金融

美国农业的基本生产单位是农场。从规模来看，大型农场数量约占农场总数的 5%，但其现金收入约占全部农场现金总收入的一半。这表明，为数不多的大型农场已经在农村经济中占据主导地位，农业生产高度集中。从组织形式来看，美国的农场可分为家庭农场、合伙农场和公司农场。农业中雇佣劳动仍然存在，但数量越来越少，1983 年全美国仅有农业工人 260 万人。

美国农村金融体系是一个以私营金融机构为基础，以合作农业信贷体系为主导，以政府农贷机构为辅助的庞大系统。

（一）商业银行的农业信贷

美国商业银行历史久、机构多，早在 20 世纪 30 年代以前就普遍发放农业贷款，有比较完备的制度和较强的竞争能力。到 1986 年，商业银行提供的中短期农业贷款额占全国中短期农业贷款总额的 35%，提供的长期农业贷款额约占全国长期农业贷款总额的 11%。

办理农村信贷业务的商业银行大多设在小城镇，又称乡村银行。这些银行分布广，是农村唯一办理贷款、存款等多种金融业务的机构，并且熟悉农场主的信用和经营情况，因而贷款迅速、手续简便，在提供农村贷款方面一直发挥着重要的作用。为鼓励商业银行办理农业贷款业务，联邦银行规定，凡农业贷款额占贷款总额的比重达到和超过 25% 的商业银行，可以在税收等方面享受优惠待遇。

美国的商业银行是私营金融机构，其信贷基金的来源主要依靠存款，盈利性是它经营农村信贷业务的首要原则。为使贷款能够及时安全地回收，商业银行在农业贷款业务中很重视贷前审查，配备专职农业贷款人员办理贷款过程中的有关业务，如分析农场的财务报告、对抵押品进行调查和评估等。此外，商业银行还对客户提供非营利性的贷后服务，如帮助贷户制订生产计划和财务计划、为贷户提供市场信息等。

（二）合作农业信贷系统

合作农业信贷系统最初是由美国政府投资创办的，但后来政府资本陆续退出该系统，使之成为农场主共有的合作金融机构。经过几十年的发展，合作农业信贷系统已经成为美国主要的农业信贷专业机构。1986 年，该系统长期农业贷款额已占全国长期农业贷款总额的42%，中短期农业贷款额已占全国中短期农业贷款总额的15%。整个系统对农场的贷款，从20世纪70年代后期起，已经超过了商业银行的农业贷款，处于领先地位。该系统在组织和动员社会资金向农业投资、促进农业现代化发展方面，起到了显著的作用。美国合作农业信贷系统的构成和业务简介如下。

1. 联邦土地银行。美国12个联邦土地银行均下设联邦土地银行协会，协会大多设有办事处，形成遍布全国的营业网。

（1）股本和股东。按照规定，借款人在得到贷款时，必须购买相当于贷款金额5%~10%的协会股票，协会再转而购买等额的土地银行的股票。这样，所有的借款人都是协会的股东，而协会则是土地银行的股东。协会的股东有一人一票的投票权，选举协会董事会，参与管理。在偿还全部借款后，可以退股，但大多数人不要求退还，以便再次借款时可以抵充股份。如果两年内没有新的借款，所持股份则转为无投票权的股份，仍可享受经济收益。另外，土地银行还发行只能分红的参与证，以广泛吸收资金，并同时保证协会与土地银行的管理权能为当前的实际借款人控制。

（2）信贷基金。主要来源于出售债券和借款。合作农业信贷系统根据各自的需要，经过农业信贷委员会和政府有关机构同意，可以向金融市场发行统一的农业贷款债券，吸收社会资金。联邦土地银行的债券以借款人的借款合同和不动产抵押作保证，一般期限较长。联邦土地银行除可向本系统之内的专业银行借款以外，还可以向商业银行、保险公司等机构借款，以满足其开展业务的资金需要。

（3）贷款规定。联邦土地银行的贷款对象主要是营业地区的农场主、其他农业生产者、为农业服务的商人以及农村居民等。贷款以不动产作抵押，额度相当于抵押品的85%，用于购买土地、生产设施及修建房屋等，期限可达5~40年。借款时，一般由协会受理申请和进行审查，由银行发放贷款，双方共同负责；协会也可独立放款，自行负责。发放贷款时要扣除应交股金，贷款本息则按余额计息法分期摊还，也可提前归还，或者预存由银行付息的还款准备金，以便日后按期归还。贷款未到期前，如因扩展经营需要增借贷款，也可以连同未到期清还的部分一并另订新约。

（4）借款利率。联邦土地银行的借款利率在20世纪60年代中期以前一直是年息4%，之后随着资金成本的增加而逐步提高，80年代后超过了10%。由于贷款期限较长，一般新借贷款利率要高于平均利率，同时一笔贷款的利率在借款期内也可以根据市场浮动。但是，由于农业贷款债券信誉良好，且债券持有人的收益免征各州的地方所得税，因而销量大，基金成本低。此外土地银行和协会也享受税收优惠政策，又较少分配股息，因而其贷款利率总是低于其他信贷机构贷款利率。土地银行一般不会因为农场主还款困难就轻易拍卖其抵押品，因而受到农民的信赖，在办理长期农业贷款方面占有重要地位。

2. 联邦中间信贷银行。美国12家联邦中间信贷银行各自下设生产信贷协会，协会设有办事处，遍及全国各地农村，专门办理以动产作抵押的中短期农业贷款。

联邦中间信贷银行在股本形成、认股办法、信贷资金来源、贷款对象等方面均与土地银行相同，不同之处主要有以下三个方面。

（1）贷款方式。中间信贷银行不直接对农场发放贷款。协会自行办理贷款后，可用贷款合同、财产抵押单等票据向中间信贷银行以贴现方式获得资金。协会也可以以自有资本和向中间信贷银行借款来发放贷款。中间信贷银行除对协会提供资金外，还向少数不属于农业生产信贷系统的其他金融机构（如信贷信托公司、储蓄贷款机构、信用合作社等）办理的农业贷款提供资金，有时也通过这些机构直接发放贷款，但数量不多。另外，各个中间信贷银行还互相融通资金，并对联邦土地银行、合作社银行放款。对于大额贷款，同一信贷区的各个协会以至联邦土地银行都可以互相参与，联合放贷。同时，协会还与商业银行、农民家计局及其他放款人一起放款。

（2）贷款用途和偿还。中间信贷银行的贷款主要用于农牧业以及水产业的生产经营支出，如种子、肥料、饲料、生产设备、燃料油的费用和各种经营费用，也可用于生活支出。贷款以农作物、产品、设备和个人财产作担保，修建房屋的则以住宅担保，中间信贷银行也发放无担保品的信用贷款。贷款期限从几个月到 7 年不等，视贷款用途不同而不同。期限较长的贷款可按月、季或年分期摊还。有关农牧业的生产贷款一般按产品上市时间确定贷款期限，也可按约定的大概时间和数额在贷款期内随时归还，到期后偿还有困难的大多数可以转期。

（3）贷款利率。利率一般略高于土地银行的长期贷款利率而低于市场利率，各信贷区乃至各协会的利率有较大差异。除实行固定利率外，多数贷款按余额法计息，且实行浮动利率，利率在贷款期内随协会贷款成本的升降而浮动。

除经营贷款业务以外，协会还购入大型农业机器设备，开展金融租赁业务。一些生产信贷协会还共同组建农业信贷租赁服务公司，以协调发展此项业务。由于生产信贷协会经营方式灵活，融资渠道广泛，资金实力雄厚，因而其贷款业务呈上升趋势，其发放的中短期农业贷款额在全国农业贷款总额中所占比重仅次于商业银行而居第二位。

3. 合作社银行。合作社银行专门以各种类型的农村合作社为贷款对象，是合作社经营资金的主要提供者。中央合作社银行与其他 12 家合作社银行彼此独立。中央合作社银行除参与和承办大宗贷款外，也向区合作社银行以及其他专业银行调剂资金和进行清算，同时还为农产品出口提供资金支持。

（1）资金来源。合作社银行的自有资金和信贷资金的来源与其他专业银行相同，但规定借款合作社要按借款利息的 10%~25% 认购股份；同时各合作社所持股票享有分红的权利，但同时也要按一定比例把分红用于认购股票。

（2）组织管理。入股的合作社有一人（法人）一票的投票权，选举银行的董事，参与管理。12 个区的农业信贷信用委员会各选一名董事，另由联邦农业信用管理局指定一名董事，此 13 人组成董事会对中央合作社银行进行管理。

（3）贷款规定。合作社银行主要向农场主组织的产品运销合作社提供资金，也向生产资料供应商以及为农业提供其他服务的合作社提供资金。贷款种类包括设备贷款、营运贷款和商业贷款。设备贷款属长期贷款，以不动产作抵押，贷款期限可达 20 年；营运贷款属中短期贷款，无抵押或以不动产作抵押，贷款期限从几个月到 2 年不等；商业贷款属短期贷款，以产品作抵押，产品出售后即行归还。各种贷款的利率在贷款期限内均按当时的贷款成本浮动。

20 世纪 80 年代中期,美国农业严重衰退,合作农业信贷系统贷款量下降,贷款损失增加,并于 1985 年出现了全系统的整体亏损。为扭转不利局面,美国国会从 1985 年开始,连续三年相继公布了三个《农业信贷修正法》,对合作农业信贷系统进行了全面改革。主要改革措施有:

①取消联邦信用委员会,改设全系统的三人董事会,以加强监督管理机构权力。

②联邦土地银行协会和生产信贷协会分别调整合并,减少数量,扩大规模,由实行联营逐步合并为农业信贷服务中心,统一提供中短期贷款和长期贷款。

③在三个专业银行实行联合经营的基础上,联邦土地银行和中间信贷银行合并为农业信贷银行,以利于集中灵活地调度资金。

④区合作社银行和中央合作社银行合并为国家合作社银行,实行分支行制度。

⑤成立联邦农业信贷银行筹资公司,自办发行全系统统一的农业贷款债券和贴现票据,并在二级市场交易。

⑥成立农业信贷系统资本公司,由专业银行和协会提供资金,相互融通,提供支援,并接管沉淀贷款,进行处理和回收。政府对全系统的财政支援也由该公司统一运用。

以上措施均已先后付诸实施。合作农业信贷系统在经过长期发展以后,着重从集中统一方面加强经营管理,其目的是减少层次、减少人员、提高效率,以适应所面临的严峻形势,更好地促进美国农村经济的发展。

(三) 政府农业贷款机构

政府农业贷款机构包括农民家计局、商品信贷公司、小企业管理局以及农村电气化管理局等,是由国会拨款建立的办理农村政策性贷款业务的机构。1986 年,政府农业贷款机构提供的长期农业贷款额占全国长期农业贷款总额的 10%,提供的中短期农业贷款额占全国中短期农业贷款总额的 34%。政府农业贷款机构提供的农业贷款往往是其他机构不能或不愿提供的,起到了补漏拾遗的作用。

1. 农民家计局。农民家计局是美国农业部的直属单位,下辖各州办事处及 1 750 个县办事处。其创建宗旨是:扶持自耕农户,改进农业生产和农民生活。

农民家计局的贷款主要用于农民家计、农村建房、农村社区发展以及扶持农村工商企业四个方面。随着农业现代化的发展,农民家计贷款所占比重逐渐下降,家计局的业务重点已转向支持农村建设和促进农村开发。

农民家计局的信贷资金主要来源于政府拨款和发行债券。此外,家计局还动员其他金融机构按照家计局的贷款计划向农民发放贷款,贷款贴息由家计局支付。一般而言,家计局的贷款期限长、利率低,贴息及其他方面的损失由政府拨款弥补。

2. 商品信贷公司。商品信贷公司是美国农业部农业稳定保护局下属的一个公司组织,其任务是对农产品进行价格支持和对农业生产给予补贴,借以调节生产,稳定农民收入。商品信贷公司的资金全部由政府国库拨付,主要用于以下四个方面。

(1) 无追索权贷款。又称农产品抵押贷款。执行休耕计划的农场在农作物收获时如果市价过低,可将农产品抵押给商品信贷公司以获得贷款。贷款额一般高于农产品的市价而略低于政府规定的支持价格，利率优惠。贷款到期时，如果市价仍低于贷款额，农场可用抵押品结算贷款本息；如果市价高于贷款额，农场可将抵押品按市价卖给公司，还清本息，取得余额。由于无追索权贷款能使农场在市价和支持价格之间就高不就低，获得较多收入，因此，它实际上是美国政府为农场提供补贴的一种形式。

（2）灾害补贴。执行休耕计划的农场在遭受自然灾害，其主要作物达不到规定的种植面积，或有足够的面积但总产量大大低于正常年景产量时，由商品信贷公司按损失产量 1/3 的价值给予补贴。

（3）差额补贴。执行休耕计划的农场在出售农作物时，如果市价低于支持价格，则由商品信贷公司给予补贴，但一个农场的补贴以 2 万美元为限。

（4）有追索权贷款。农场添置仓储、烘干设备时，商品信贷公司可提供普通的有追索权的贷款，此项贷款无须以参加休耕计划为前提。

3. 小企业管理局。小企业管理局是由美国政府拨款创办的一个独立的政府贷款机构。它主要对不能从其他渠道获得充实资金的小企业贷款。这里的小企业是指独立经营的、与农业生产有关的企业，如屠宰加工企业、农产品储藏企业、饲料加工企业等。年总收入在 100 万美元以下的农场，如果因为自然灾害造成经营困难而又难以从其他途径获得资金时，也可以由小企业管理局发放经营贷款。这类贷款期限长，利率优惠。

（四）其他农业贷款渠道

1. 人寿保险公司。人寿保险公司只向农业提供长期贷款，用于土地和设备的添置、土地改良等。人寿保险公司虽不以提供农业贷款为主业，但其所提供的农业贷款额却很多。人寿保险公司提供的长期农业贷款额在长期农业贷款总额中所占比例一般高于同期商业银行所占比例。

2. 经销商。这里所指的经销商包括为农业生产提供产前产后服务的厂商及其代理人。他们通过赊销和预付的方式向农户提供商业信用。这种商业信用由于方便购买物资，同时又有助于推销产品或保证货源，因而得到广泛运用，成为农场短期贷款和中期贷款的重要来源。

3. 个人。个人借贷是美国农村信贷资金来源中不可忽视的一个部分。在中短期贷款方面，农场主经常通过亲友及乡邻调剂现金，以供周转。在长期贷款方面，农场主或是和出让土地的农民订立分期付款的购地合同，或是用土地作抵押向私人借贷。在美国长期农业贷款的各项来源中，个人提供的长期农业贷款一直居领先地位。

二、日本农村经济及农村金融

日本人多地少，人均耕地不足 0.05 公顷，农业资源贫乏。日本农业经过大力发展，虽然单产较高，但因耕地总面积较小，因而总产量不高，总体而言农产品仍然不能完全自给。自 20 世纪 50 年代起，日本已逐步实现了农业现代化，但其在机械化方面仍有所欠缺，主要是因为农业经营规模小，造成机械利用率低，效率低。目前日本的大米、小麦等主要农产品的单位耕时比美国高 30 多倍。

日本农业生产以自耕农为主，自有土地与经营土地之比超过 90% 以上的自耕农户数占农户总数的 80% 以上。农户兼业化经营比较普遍，其中有些农户兼营的非农业收入还高于农业收入。由于兼业经营和其他一些原因，日本农户的收入普遍较高，总体平均水平已高于城市工资收入者家庭。

农业协同组合（以下简称农协）是日本规模最大的农村合作经济组织。在小农经济占绝对优势的情况下，农协对于发展生产、保护农民利益而言，意义重大。

农协组织自下而上有三级，其中各级均有专业农协和综合农协。农协几乎涉及所有与农业有关的领域，而且几乎所有的农户都属于某一个或几个农协，农协不以盈利为目的，以为会员服务为宗旨，是一种事业体；农协代表农民利益，指导农业生产，是一种农业团体；农协互助合作，实行一人一票制，是一种合作社。

日本农村金融体系主要由政府金融和合作金融组成。

（一）政府金融

这是指由政府推动或直接办理的金融事业。在农村，政府金融的任务是由政府拨款以及由地方自治团体筹集地方资金，对农林渔业的贷款利息予以补贴，或由政府专门金融机构的农林渔业金融公库按照国家政策对农林渔业提供低息贷款。

1. 农林公库。主要负责对农林渔生产者为了维持和提高生产力所需要的长期资金提供贷款，其贷款不仅期限长、利率低，而且是农协金融体系和商业银行贷款的补充，也是那些不能在上述金融机构获得贷款的农林渔业生产者的最后依靠。

2. 其他贷款项目。主要包括农业现代化资金贷款、灾害资金借款、农业改良资金贷款、改善农业经营资金贷款、扩大农业经营资金贷款等。这些贷款一般都是利用农协系统金融机构的资金，而由政府给予利息补贴，也属于政府金融之列。

（二）合作金融

这是指农协所办理的信用业务，由"三层次三业别"① 结合而成。"三业别"中林业、渔业的信用机构数量较少且多数活动与农业信用机构类似，因此这里将重点以农业信用机构为代表介绍有关情况。

1. 基层农协。农协分为入股农协和非入股农协，只有入股农协才能办理信用业务。入股者一般是市、町、村的农民、其他居民和社会团体。农协除经办信用业务外，还兼营保险、供销等其他业务。根据日本《农业协同组合法》的规定，基层农协所办信用业务主要包括两个方面：一是对会员生产、生活中的资金需求发放贷款，二是吸收会员的活期和定期存款。各基层农协的信用业务以此二者为中心，并结合剩余资金的运用开展若干附带业务。

（1）存款业务。存款主要分为普通存款、活期存款、定期存款及零存整取存款等。其中普通存款和活期存款均可以随时提取，但活期存款必须使用支票。

与其他金融机构相比，农协的存款具有明显的季节性和个人存款比例高两个特点。每年 9 月秋收以后到年底是出售大米和其他粮食的季节，政府的收购价款一般会全部或

---

① "三层次"包括基层的农协、都道府县的信联、中央的农林中央金库和全国信联；"三业别"是指农业、林业、渔业三种不同业别。

大部分转入农户的存款账户，这时农协的存款余额就会大幅度上升；而到 4 月末农忙季节，存款又因被陆续支用而减少。但近年来随着兼业农户非农产业收入的增多，存款季节性的特点有所弱化。

农协的存款额自 1955 年以后一直处于上升的趋势，年增长率一般超过 10% 甚至高达 20% 以上。存款额增长较快的原因一方面是农户收入增长较快，另一方面则是农协采取了一些措施，主要包括：①提高利率。根据《临时利率调整法》的规定，农协的利率可以比一般银行的利率高 1 厘，这样就可以调动农户存款的积极性。②方便农户。农协普遍使用了电子计算机自动记账和自助取款机自助存取，有时还提供上门服务，受到农户的欢迎。③实行非现金结算。农协规定农户在从事农产品销售、生产资料和耐用消费品购买等活动时，一律通过农协进行非现金结算，这在一定程度上避免了存款的流失。

（2）贷款业务。农协的贷款可分为长期贷款和短期贷款两种。最初农协的贷款以短期贷款为主，但现在长期贷款所占比重已经超过短期贷款所占比重。长期贷款主要用于农业及建筑业等项目，包括生产性的设备资金、非农业生产投资、消费性的住房新建和改造建设资金、耐用消费品的购置资金等；而短期贷款则主要用于各种农业、非农业经营项目以及农民生活开支，包括农业周转资金和非农业周转资金等。农协贷款利率比社会上其他银行贷款利率低 0.1%，有政府金融提供利率补贴的贷款则利率更低。据 20 世纪 80 年代初统计，农民在农协的借款占其全部借款的 60% 以上，如果加上农协经办的政府金融的贷款，则其比率更是高达 80% 以上。

客户向农协申请贷款要经过严格的审批程序，主要包括以下内容：

①客户向农协信用业务的经办人提出口头申请，阐明贷款的金额、期限、用途以及贷款项目的经营方法和预期效果等有关问题。

②递交书面申请。当客户的口头申请内容基本符合贷款条件时，还需要递交书面申请及有关资料。这些资料包括：说明贷款项目效益、规模的事业计划书；说明本身偿还期限、还款来源的偿还计划表；说明自有资金、各项借入资金计划运用情况的资金运用计划表。农协信用业务经办人要根据当地经济情况对上述资料进行认真审查。

③进行贷款审查。贷款审查既包括利用档案进行的审查，又包括利用现场调查进行的审查。日本农协各级信用机构的信贷部门都对辖区内的基本情况以及客户的有关情况建立了经济档案。通过分析这些档案，可以对借款人的基本情况进行初步的审查。同时，农协有关工作人员还直接通过现场调查来审查贷款项目的有关情况，并制作意见书，向上级汇报客户的业务经营、政策执行、经营管理、财务会计等有关情况。有关工作人员要把客户的综合情况划分为好、中、差三级，提出是否发放贷款及如何发放的具体意见，供上级审批参考。

④农协贷款实行自下而上的审批办法，各级信用机构根据贷款金额拥有不同的审批权限。

为了保证信贷资金的安全，农协信用机构要求客户在取得贷款之前必须取得担保。担保形式可以是以不动产担保，也可以是以有价证券担保，还可以是以担保人担保。如果贷款到期而债务人无力偿还，又无正当特殊理由申请延期的，可收回同额抵押财产或由担保人代为偿还。对于逾期贷款，将根据不同情况，区别对待：如确定因客观情况不能按期还款，经过批准后，可以延期；如因发生天灾人祸等特殊原因无法偿还，经批准后，可以减息；否则，酌情加息。

（3）剩余资金的利用业务。剩余资金是指农协存贷款的差额。自20世纪60年代后期以来，随着农户收入的不断增加，农协存款不断增长，剩余资金一直较多，必须寻找出路。根据有关规定，农协的剩余资金可用于三个方面：一是转存于本县的信联中，以供本系统内调剂使用；二是用于购买有价证券或作金钱信托，以谋取可靠的收益；三是用于同业拆放和系统外存款。

2. 信联。即信用农业协同组合联合会，设在都、道、府、县一级，属农协系统的中层金融机构，入股的是所属基层农协和本地区农协的县一级其他事业联合会，也包括非农协的其他社会团体。信联不得兼营信用以外的业务，如保险、供销等业务。如果确有需要，必须另设联合会办理。

信联是农协系统的中层金融机构，它既作为本地区农协的上级机关发挥作用，也作为农林中央金库的会员发挥作用，在农协和农林中央金库之间起到了桥梁作用。县信联的业务对象主要是其所属会员，通过信用业务调剂基层农协之间的资金余缺。

（1）存款业务。信联的存款主要来自基层农协的转存款（20世纪70年代后期一直占90%左右），也有一些来自作为会员的其他团体，如经济联、共济联等，此外还有一些来自"孙会员"（信联所属会员的会员）、准会员和系统外的员外存款。信联的存款与基层农协的存款状况有密切关联。随着基层农协存款的增加，信联的存款也在不断增加，并且其定期存款所占比例一直保持在90%以上，说明农村资金比较充足。

（2）贷款业务。信联的贷款对象主要是基层农协及其会员农户（"孙会员"），其次是经济联等会员团体和准会员。自20世纪70年代后期以来，为了给剩余资金找到出路，信联增加了员外贷款（对农协系统外企业和团体的贷款）。

长期贷款采取订立借据的方式，而短期贷款则采取期票贷付、票据贴现和存款透支等方式。这里的期票贷付指由借款人开出以贷款人为承兑人的期票来代替借据，凭此用贴现方式支用贷款。这种办法比订立借据更为简便。

（3）剩余资金的利用。信联的剩余资金也十分充裕，如何合理利用成为重要问题。按照有关规定，信联的剩余资金利用方式与农协剩余资金的利用方式类似，只可用于三个方面：一是转存于农林中央金库，供本系统调剂使用；二是购买有价证券或作金钱信托；三是用于同业拆放和系统外存款。至于各部分的运用比例则往往取决于利率选择的结果。一般而言，当银根较紧时，信联除增加农业贷款外，还往往增加员外贷款；当银根较松时，则往往增加有价证券的购买。

3. 农林中央金库。农林中央金库是农协系统的最高金融机构，入股的是各地信联以及农业、林业及水产业团体。根据《农林中央金库法》，它除可以办理存、贷、汇等业务外，还有权发行农林债券，以吸收资金，供中长期贷款使用。

农林中央金库是日本全国农协系统的中央信贷专业机构，其业务可分为金库固有业务和委托代理业务两大类。金库固有业务包括对会员的存、放、汇业务和农林债券发行业务，而委托代理业务主要包括农林渔业金融公库的委托放款和粮食收购款的代理支付业务。

（1）存款业务。农林中央金库的存款业务原则上只接受会员团体的存款，主要是信联等农业团体的存款。农林中央金库对信联存款给予的利率较高，而且还加付系统利用奖励金；而其他会员团体或系统外的存款则无此优待。信联由于存款额增长较快，剩余资金不断增加，于是把大量资金存入农林中央金库，而且其中绝大多数为定期存款。随着信联转存款的大量增加，农林中央金库的存款余额也在不断上升，资金出现剩余也在所难免，如何利用其剩余资金也成为难题之一。

（2）贷款业务。原则上贷款对象以信联等所属团体为主，但在资金富余时，经主管大臣批准，也可以对系统外有益于农林水产业发展的有关产业和其他金融机构发放贷款。对系统外的贷款原则上要求为短期贷款，并且利率也要比对信联的利率略高。自20世纪70年代以来，由于信联等所属团体资金日益充裕，所以对系统外贷款额度已经逐步超过了对所属团体贷款额度，占贷款总额的绝大部分。系统外贷款中以对农用器材和肥料生产部门的贷款为主。

（3）汇兑业务。农林中央金库及其支库，与代理此项业务的信联和信渔联共同组成了一个全国性的汇兑网，为其所属团体办理汇兑业务。凡同一都、道、府、县内的基层农协、渔协相互间或与其上级信联、信渔联相互间的汇兑称为县内汇兑，按本县信联或信渔联所制定的县内汇兑办理准则和规章进行处理；凡涉及县外的农协、渔协、信联、信渔联、农林中央金库相互间的汇兑称为县外汇兑，按农林中央金库所制定的系统汇兑办理准则和规章进行处理。目前农林中央金库和多数信联、信渔联加入了全国银行国内汇兑系统，从而使农协系统的汇兑网与其他汇兑机构可以直接通汇。

（4）农林债券发行业务。根据有关规定，农林中央金库可以发行农林债券，作为其中长期信贷资金的来源。债券可以分为两类，一类为付息债券，按其所附息票付息；另一类为减价债券，在发行价格中预先扣除利息，后期偿还时按面额偿还。农林债券的最高发行限度为实交股本和内部积累之和的20倍。

（5）委托代理业务。根据有关规定，经主管大臣批准，农林中央金库可以接受国家、地方公共团体和其他非营利法人以及其他金融机构的委托，代理某项业务。现在办理的业务主要是农林渔业金融公库的委托贷款，还包括年金福利事业团体、国民金融公库、日本银行等机构的委托代理业务。

（6）剩余资金利用业务。按规定，农林中央金库的剩余资金除存入银行外，还必须购买国家公债、地方公债和经主管大臣批准的其他有价证券。农林中央金库剩余资金量大，往往会购买大量的有价证券，对金融市场具有极大的影响力。

上述农协系统的三级金融机构虽有上下级关系，但在经济上实行独立核算与自主管理。此外还有全国信联协会，它由各信联和农林中央金库共同组成，是各地信联的中央联络机关。全国信联协会不办理信用业务，而是通过调查研究，为会员提供情报、协调关系，以促进会员改进金融工作。

思考题

1. 什么是农村金融？农村金融有哪些特征？
2. 如何理解农村金融与农村经济的关系？
3. 我国农村金融改革主要经历了哪几个阶段？
4. 我国农村金融改革的发展方向有哪些？
5. 美国农村金融有哪些特点？对我国农村金融有何借鉴？
6. 日本农村金融有哪些优势？对我国农村金融有何借鉴？

第二章
传统农村金融机构与服务

CHUANTONG NONGCUN
JINRONG JIGOU YU FUWU

　　农村金融体系通常是指农村各种金融机构及其活动所构成的有机整体。广义的农村金融体系不仅包括正规的农村金融机构及其活动,而且包括非正规的农村金融组织以及个人借贷活动。本章将重点学习我国主要的传统农村金融机构,掌握中国农业银行、中国农业发展银行、农村信用合作社、中国邮政储蓄银行等主要农村金融机构概况与服务。

第一节　中国农业银行

一、中国农业银行的发展历程

　　中国农业银行成立于1951年,成立后经历了反复撤并,发展到目前已成为大型股份制商业银行。中国农业银行的发展历程如下。

　　(一)第一次立废阶段:1951年至1952年

　　新中国成立后,为了加强农村金融工作,促进土地改革后农村以发展生产为中心任务的实现,经政务院批准,于1951年8月正式成立了中国农业合作银行。其任务是按照国家计划办理农业的财政拨款和一年以上的农业长期贷款,扶持农村信用合作的发展。农业合作银行成立后,基本没有开展财政拨款和长期贷款业务,1952年由于精简机构而被撤销。

　　(二)第二次立废阶段:1955年至1957年

　　为了贯彻国家关于增加对农业合作化信贷支援的要求,根据当时农业生产发展情况和参照苏联做法,经国务院批准,1955年3月成立中国农业银行。其任务主要是办理财政支农拨款和农业贷款,贷款对象主要限于生产合作组织和个体农民,贷款用途限于农业生产，其他农村金融业务仍由人民银行办理。1957 年 4 月，国务院决定将中国农业银行与中国人民银行合并。

（三）第三次立废阶段：1963 年至 1965 年

1963 年在贯彻国民经济"调整、巩固、充实、提高"的方针中，国家采取加强农业的措施，增加对农业的资金支援。为了加强对国家支农资金的统一管理和农村各项资金的统筹安排，防止发生浪费资金和挪用资金的现象，1963 年 11 月，全国人民代表大会常务委员会通过决议，批准建立中国农业银行，作为国务院的直属机构。根据中共中央和国务院关于建立中国农业银行的决定，这次农业银行机构的建立，从中央到省、地、县，一直设到基层营业所。但是，在精简机构的形势下，经国家批准，1965 年 11 月，中国农业银行和中国人民银行再次合并。

（四）最终确立阶段：1979 年至 1993 年

1979 年 2 月 23 日，国务院发布《关于恢复中国农业银行的通知》，决定正式恢复中国农业银行，恢复后的中国农业银行是国务院的直属机构，由中国人民银行监管。农业银行的主要任务是统一管理支农资金，集中办理农村信贷，领导农村信用合作社，发展农村金融事业。1993 年 12 月，国务院作出了《关于金融体制改革的决定》，要求通过改革逐步建立在中国人民银行统一监督和管理下，中国农业发展银行、中国农业银行和农村合作金融组织密切配合、协调发展的农村金融体系。

（五）商业化改革阶段：1994 年至 2006 年

1994 年 4 月，中国农业发展银行从中国农业银行分设成立，粮棉油收购资金供应与管理等政策性业务与农业银行分离，农业银行开始按照 1995 年颁布实施的《中华人民共和国商业银行法》，逐步探索现代商业银行的运营机制。1996 年 8 月，国务院又作出《关于农村金融体制改革的决定》，要求建立和完善以合作经营为基础，商业性金融、政策性金融分工协作的农村金融体系。农业银行认真贯彻执行决定的有关精神，在矛盾多、时间紧、压力大的情况下，统一思想，顾全大局，积极支持农业发展银行省级以下分支机构的设立和农村信用社与农业银行脱离行政隶属关系的改革。1997 年，农业银行基本完成了作为国家专业银行"一身三任"的历史使命，开始进入了真正向国有商业银行转化的新的历史时期。1999 年，农业银行和工商银行、中国银行、建设银行 3 家银行剥离 1.4 万亿元不良资产给四大资产管理公司。2004 年，农业银行第一次上报股改方案。

（六）股份制改革及恢复"三农"业务阶段：2007 年至今

2007 年 1 月 19 日至 20 日，全国金融工作会议确定农业银行股份制改革总的原则是"坚持面向'三农'、整体改制、商业运作、择机上市"。2007 年 9 月，农业银行选择吉林、安徽、福建、湖南、广西、四川、甘肃、重庆 8 个省（区、市）开展面向"三农"的金融服务试点。2008 年 3 月，农业银行开始推动在 6 个省 11 个二级分行开始"三农"金融事业部改革试点。2008 年 8 月，农业银行总行设立"三农"金融事业部，全面推动全行"三农"金融事业部制改革。2008 年 10 月，农业银行股改方案获国务院通过。2009 年 1 月 15 日，中国农业银行完成工商变更登记手续，由国有独资商业银行整体改制为股份有限公司，并更名为中国农业银行股份有限公司。2010 年 7 月 15 日和 16 日，中国农业银行分别在上海证券交易所和香港联合交易所挂牌上市。作为中国主要的综合性金融服务提供商之一，近年来中国农业银行致力于建设面向"三农"、城乡联动、融入国际、服务多元的一流商业银行。

二、中国农业银行的主营业务

（一）公司业务

1. 存款业务，主要包括单位活期存款、单位定期存款、单位协定存款、单位通知存款、单位大额存单、约期存款、协议存款、单位外汇活期存款、单位外汇定期存款、单位外汇通知存款等。

（1）单位活期存款。单位活期存款是指企业、事业、机关、部队、社会团体等经济实体在农业银行开立单位结算账户，办理不规定存期、可随时存取的存款。此类存款不固定期限，客户存取方便，其存取主要通过现金或转账办理。

（2）单位定期存款。单位定期存款是指企业、事业、机关和社会团体等单位与银行在存款时事先约定期限、利率，到期后支取本息的存款。计息方式按中国人民银行挂牌公告的定期存款利率计付利息，遇利率调整时不分段计息。单位定期存款的期限分为3个月、半年、1年、2年、3年、5年6个档次。

（3）单位协定存款。单位协定存款是指客户通过与银行签订单位协定存款合同，约定期限，商定结算账户需要保留的基本存款额度，对账户中超过该额度的存款按双方约定的协定存款利率进行单独计息的存款。

（4）单位通知存款。单位通知存款是指存款单位不约定存期，在支取时需事先通知银行的一种人民币存款。按存款人提前通知的期限长短一般分为1天通知存款和7天通知存款两个品种。客户需以正式支取通知书形式提前1天或7天通知银行，约定支取日期和金额；如以其他方式通知银行的，到约定日需提交正式支取通知书。目前农行单位通知存款的起存金额为50万元，最低支取金额为10万元，存款人需一次性存入，可一次或分次支取但余额不得低于起存金额。通知存款按支取日挂牌公告的相应利率水平和实际存期计息，利随本清。

（5）单位大额存单。单位大额存单是指农业银行向非金融机构投资人发行的以人民币计价的记账式大额存款凭证，是银行存款类金融产品，属一般性存款。单位大额存单的投资人包括在中国境内符合中国人民银行开户条件的企业、机关、团体、部队、事业单位、保险公司、社保基金以及中国人民银行认定的其他单位。单位大额存单采用标准期限的产品形式，认购单位大额存单起点金额不低于1 000万元。期限包括1个月、3个月、6个月、9个月、1年、18个月、2年、3年和5年共9个品种。单位大额存单付息方式分为到期一次还本付息和定期付息、到期还本。定期付息频率包括月、季度、半年、年、期满五种，不超过该期单位大额存单的期限。

2. 贷款业务。

（1）流动资金贷款。流动资金贷款是农业银行向企（事）业法人或国家规定可以作为借款人的其他组织发放的，用于借款人日常生产经营周转的本外币贷款。流动资金贷款按期限分为短期流动资金贷款和中期流动资金贷款；按照贷款使用方式分为一般流动资金贷款和可循环流动资金贷款。

（2）固定资产贷款。固定资产贷款是农业银行向企（事）业法人或国家规定可以作为借款人的其他组织发放的，用于借款人固定资产投资的本外币融资。固定资产贷款根据项目运作方式和还款来源不同分为项目融资和一般固定资产贷款；按用途分为基本建设贷款、更新改造贷款、房地产开发贷款、其他固定资产贷款等；按期限分为短期固定资产贷款、中期固定资产贷款和长期固定资产贷款。

（3）循环额度授信。循环额度授信是指在授信额度项下，为客户核定的可以便捷使用银行信用的额度，包括可循环使用信用额度和国际贸易融资额度。可循环使用信用额度是指农业银行对满足规定条件的客户，在授信额度内根据客户经营计划核定的仅用于办理 1 年以内短期授信业务的额度，可以循环使用。国际贸易融资额度是指农业银行对满足规定条件的客户，在授信额度内根据客户经营计划核定的仅用于办理 1 年以内短期国际贸易融资业务的额度，可以循环使用。

（4）出口退税账户托管贷款。出口退税账户托管贷款是指农业银行为解决出口企业出口退税款未能及时到账而出现短期资金困难，在对企业出口退税账户进行托管的前提下，向出口企业提供以出口退税应收款作为还款保证的短期流动资金贷款。

（5）商品房开发贷款。商品房开发贷款是指向房地产开发企业发放的，用于商品房及其配套设施建设的贷款。按照贷款种类分为住房开发贷款、商业用房开发贷款、综合用房开发贷款和其他商品房开发贷款（保障性住房开发贷款除外）。

3. 结算业务。

4. 托管业务。

（二）个人业务

1. 储蓄存款业务，为个人客户提供活期存款、一本通存款、个人存款证明、个人通知存款、定期存款、定活两便存款业务。

2. 个人贷款业务，包括房地产抵押个人商务贷款、小企业主快捷贷、组合担保个人商务贷款、个人经营性车辆按揭贷款、海域使用权抵押个人商务贷款、担保公司担保个人商务贷款、小水电抵押个人商务贷款、营运客车抵押个人商务贷款、林权抵押个人商务贷款、渔船抵押个人商务贷款、内河运输船舶抵押个人商务贷款等。

3. 个人结算业务，为客户开办电话银行汇款、预约转账、异地结算、国内汇兑、商易通、网上支付通、ATM/POS 等业务。

4. 银行卡（信用卡）业务，为客户开办绿卡、绿卡通、绿卡贵宾金卡、淘宝绿卡、腾讯 QQ 联名卡、绿卡生肖卡、绿卡外汇卡、区域联名卡、EMS 联名信用卡等。

5. 投资理财业务，即代理保险、基金、国债、贵金属业务，办理资金存管、外汇业务，发售理财产品。

三、中国农业银行"三农"产品与服务

（一）"三农"对公产品

1. 农村城镇化贷款。农村城镇化贷款是指中国农业银行在县域和城市郊区向借款人发放的，用于基础设施建设、土地整理、拆迁安置等项目建设的贷款。

2. 季节性收购贷款。季节性收购贷款是指在农副产品收购旺季，为解决农副产品加工、流通、储备企业正常周转资金不足的困难，满足其收购资金需求而发放的短期流动资金贷款。产品主要面向有季节性收购资金需求的 AA 级（含）以上农业产业化龙头企业，贷款期限原则上不超过 6 个月，最长不能超过 9 个月，不得循环使用，到期必须收回。

3. 县域商品流通市场建设贷款。县域商品流通市场建设贷款是指用于商品流通市场建设的固定资产贷款。商品流通市场建设贷款支持以下类型的市场建设：按交易对象的最终用途可以分为消费品市场和生产资料市场；按市场（融资项目）营销方式分为出售型市场、出租型市场、租售混合型市场；按市场（融资项目）建设模式分为新建市场和改扩建市场；按市场（融资项目）建筑用途分为单一市场和混合市场。

4. 养老机构贷款。养老机构贷款是指农业银行向借款人发放的，用于满足借款人在建设和运营老年人集中居住和照料服务设施中的本外币贷款，包括流动资金贷款和固定资产贷款。养老机构贷款期限应综合考虑借款人融资需求、现有融资情况、项目预期经营现金流状况、借款人其他综合还款来源等因素合理确定。流动资金贷款期限不超过 3 年，固定资产贷款总期限最长不得超过项目建设期加上 15 年。利率按照中国人民银行和农业银行有关规定执行。

（二）"三农"个人产品

1. 惠农 e 贷。惠农 e 贷是中国农业银行依托互联网大数据技术，专门为农民设计的一款线上化、批量化、便捷化、普惠化的贷款产品。

2. 金穗惠农卡。金穗惠农卡是中国农业银行面向农户发行的银联标准借记卡产品，它除具有金穗借记卡存取现金、转账结算、消费、理财等各项金融功能外，还向持卡人提供农户小额贷款载体、财政补贴代理等特色服务功能，并提供一定的金融服务收费减免优惠。

3. 惠农信用卡。惠农信用卡是中国农业银行专为具有良好信用观念的县域及农村高端客户量身定做的借贷合一型特色产品，是农业银行金穗卡系列产品之一。惠农信用卡不但可以作为支付结算、储蓄理财的工具，还可以通过银行授信，满足客户短期、频繁的资金周转需求，并提供多项个性化辅助功能，全面服务于客户的生产生活。

4. 农户小额贷款。农户小额贷款是指中国农业银行按照普惠制、广覆盖、商业化的要求，对农户家庭内单个成员发放的小额自然人贷款。每户农户只能由一名家庭成员申请农户小额贷款。

5. 农村个人生产经营贷款。农村个人生产经营贷款是指对农户家庭内单个成员发放的，用于满足其从事规模化生产经营资金需求的大额贷款。

第二节　中国农业发展银行

一、中国农业发展银行的发展历程

1994 年 4 月 19 日，国务院发布《关于组建中国农业发展银行的通知》，批准了中国农业发展银行章程和组建方案。

1994 年 6 月 30 日，中国农业发展银行正式接受中国农业银行、中国工商银行划转的农业政策性信贷业务，共接受各项贷款 2 592 亿元。

1994 年 11 月，中国农业发展银行挂牌成立。

1995 年 4 月底，中国农业发展银行完成了省级分行的组建工作。

1996 年 8 月至 1997 年 3 月末，按照国务院《关于农村金融体制改革的决定》增设了省以下分支机构，形成了比较健全的机构体系。

1998 年 3 月，国务院决定将中国农业发展银行承办的农村扶贫、农业综合开发、粮棉企业附营业务等贷款业务划转到有关国有商业银行，中国农业发展银行主要集中精力加强粮棉油收购资金的封闭管理。

2004 年，中国农业发展银行业务范围逐步拓展。根据国务院粮食市场化改革的意见，将传统贷款业务的支持对象由国有粮棉油购销企业扩大到各种所有制的粮棉油购销企业。

2004 年 9 月，银监会批准中国农业发展银行开办粮棉油产业化龙头企业和加工企业贷款业务。

2006 年 7 月，银监会批准中国农业发展银行扩大产业化龙头企业贷款业务范围和开办农业科技贷款业务。

2007 年 1 月，银监会批准中国农业发展银行开办农村基础设施建设贷款、农业综合开发贷款和农业生产资料贷款业务。

2010 年，中国农业发展银行已形成了以粮棉油收购信贷为主体，以农业产业化信贷为一翼，以农业和农村中长期信贷为另一翼的"一体两翼"业务发展格局。

2011 年初，中国农业发展银行从探索多元化经营、实现长期可持续发展的战略角度考虑，决定开展投资业务，成立投资部筹备组，并将投资业务定位为农业政策性的投资业务。

2012 年，中国农业发展银行正式成立投资部，进军直接投资和资产证券化等领域。这不仅意味着该行商业化程度进一步提升，还昭示着其在综合金融的道路上大步迈进。

2014 年 9 月 24 日，国务院第 63 次常务会议审议通过了中国农业发展银行改革实施总体方案。中国农业发展银行认真贯彻落实党中央、国务院的大政方针，顺应我国城乡关系深刻调整的历史趋势，制定实施了"两轮驱动"业务发展战略，重点支持粮棉油收储和农业农村基础设施建设，为维护国家粮食安全、促进城乡发展一体化作出了不可替代的重要贡献。

二、中国农业发展银行的性质和任务

中国农业发展银行是直属国务院领导的中国唯一的国有农业政策性银行。作为政策性金融机构，中国农业发展银行具有经营方向的政策性、经营目标的非营利性、一定的福利性和补充性的政策性金融特征。中国农业发展银行在业务上接受中国人民银行和中国银行保险监督管理委员会的指导和监督。

中国农业发展银行的主要任务是，按照国家的法律、法规和方针、政策，以国家信用为基础，筹集农业政策性信贷资金，承担国家规定的农业政策性和经批准开办的涉农商业性金融业务，代理财政性支农资金的拨付，为农业和农村经济发展服务。

三、中国农业发展银行的资金来源与运用

（一）资金来源

中国农业发展银行注册资本为 200 亿元人民币。中国农业发展银行运营资金的来源包括业务范围内开户企事业单位的存款；发行金融债券；财政支农资金；向中国人民银行申请再贷款；同业存款、协议存款和境外筹资。中国农业发展银行的运营资金长期以来主要依靠中国人民银行的再贷款，从 2005 年开始加大了市场化发行金融债券筹资的力度。

（二）资金运用

中国农业发展银行的运营资金主要用于粮棉油收购等流动资金贷款，包括各级各类储备贷款、收购贷款、种子贷款、龙头企业贷款、科技贷款、扶贫贷款和基础设施贷款等。

四、中国农业发展银行的业务

中国农业发展银行的业务范围，由国家根据国民经济发展和宏观调控的需要并考虑其承办能力来界定。自中国农业发展银行成立以来，国务院对其业务范围进行过多次调整。中国农业发展银行的主要业务如下：

（1）办理粮食、棉花、油料收购、储备、调销贷款。

（2）办理肉类、食糖、烟叶、羊毛、化肥等专项储备贷款。

（3）办理粮食、棉花、油料加工企业和农、林、牧、副、渔业的产业化龙头企业贷款。

（4）办理粮食、棉花、油料种子贷款。

（5）办理粮食仓储设施及棉花企业技术设备改造贷款。

（6）办理农业小企业贷款和农业科技贷款。

（7）办理农业基础设施建设贷款。支持范围限于农村路网、电网、水网（包括饮水工程）、信息网（邮政、电信）建设，农村能源和环境设施建设。

（8）办理农业综合开发贷款。支持范围限于农田水利基本建设、农业技术服务体系和农村流通体系建设。

（9）办理农业生产资料贷款。支持范围限于农业生产资料的流通和销售环节。

（10）代理财政支农资金的拨付。

（11）办理业务范围内企事业单位的存款及协议存款、同业存款等业务。

（12）办理开户企事业单位结算业务。

（13）发行金融债券。

（14）资金交易业务。

（15）办理代理保险、代理资金结算、代收代付等中间业务。

（16）办理粮棉油政策性贷款企业进出口贸易项下的国际结算业务以及与国际业务相配套的外汇存款、外汇汇款、同业外汇拆借、代客外汇买卖和结汇、售汇业务。

（17）办理经国务院或中国银行业监督管理委员会批准的其他业务。

（18）办理投资业务。

目前，中国农业发展银行形成了以支持国家粮棉购销储业务为主体、以支持农业产业化经营和农业农村基础设施建设为两翼的业务发展格局，在农村金融中发挥了一定的作用。随着乡村振兴战略的全面推进和农村金融体制改革的不断深化，中国农业发展银行进入重要发展机遇期。

第三节　农村信用合作社

一、我国农村信用合作社的发展历程

（一）农村信用合作社的普及和大力发展时期（1951年至1958年）

1950年，中国人民银行和中华全国合作社联合总社提出首先在华北试办信用社（部）。1951年5月，中国人民银行召开第一次全国农村金融工作会议，决定大力发展农村信用合作社，以打击农村盛行的高利贷活动，促进农村经济发展和农村金融的稳定。随后，中国人民银行颁布了《农村信用合作社章程准则草案》。1955年，中国人民银行又颁布了《农村信用合作社章程》。在新的政策环境下，一场合作金融发展热潮在全国迅速掀起。到1957年底，全国农村信用社达88 368个，存款达20.6亿元，社员股金达3.1亿元。

（二）农村信用合作社的跌宕波折时期（1958年至1978年）

在这段特殊的历史时期，信用合作事业受到"左"的思想严重干扰，先后由人民公社、生产大队管理，又交由贫下中农管理，最后交由国家银行管理。农村信用社的干部队伍、资金和业务均受到了严重的破坏和损害。行政手段的过度干预、发展策略的频繁调整、管理主体的几经更迭，使得刚刚步入正轨的农村信用社走上了"官办"道路。

（三）农村信用社的恢复和发展时期（1978年至1996年）

1984年，国务院批转中国农业银行《关于改革农村信用社管理体制的报告》，提出把农村信用合作社真正办成群众性的合作金融组织，在遵守国家金融政策和接受中国农业银行领导、监督下独立自主地开展业务。这一阶段改革的重要目的是恢复和加强农村信用合作社组织上的群众性、管理上的民主性和经营上的灵活性。农村信用社向自主经营、独立核算、自负盈亏、自担风险的合作金融组织迈出了一大步。但这一阶段的改革也产生了不良后果，农村信用合作社成为中国农业银行的农村基层机构，混淆了国家银行、集体金融组织与合作金融组织之间的界限，农村信用合作社在很大程度上走上了"官办"的道路。

（四）农村信用社深化改革和快速发展时期（1996年至2002年）

1996年8月，国务院颁发《关于农村金融体制改革的决定》，明确农村信用社与中国农业银行脱离行政隶属关系，对其业务管理和金融监管分别由县联社和中国人民银行承担，然后按合作制原则加以规范。农村信用社进入了自我管理、独立发展的新阶段。具体改革内容包括：（1）对历年旧股金进行全面清理、核实，并对历年待分配股息及红利按政策进行兑现；按合作制原则进行扩股。（2）恢复农村信用合作社的合作性质，加强农村信用合作社的群众性和民主性。建立健全社员代表大会、理事会和监事会，实行社员"一人一票制"，进一步强化农村信用合作社的民主管理。（3）规范和调整农村信用合作社的服务方向，坚持主要为入股社员服务，为农民、农业和农村经济发展服务的办社宗旨，对社员贷款实行贷款优先、利率优惠，逐步增加农业贷款比重。资金不足的农村信用合作社、县联社可相互调剂资金，资金仍然不足的话可以向中国人民银行申请再贷款。（4）建立新的财务分配制度，对规范后的新股金取消保息，实行盈利分红；有条件的农村信用合作社对社员活期存款按交易量进行利益返还；强化入股社员对农村信用合作社的监督，定期向社员公布财务收支状况。（5）中国人民银行自上而下建立合作金融监管机构，承担对农村信用合作社的金融监管。（6）分类改革，在城乡一体化程度较高的地区，对已经商业化经营的农村信用合作社，经整顿后可合并组建成农村合作银行；对商业化条件非常好的农村信用合作社，可直接组建农村商业银行；其他地区仍继续采用信用合作社模式。

2000年，经国务院同意，中国人民银行在江苏省实行以县为单位统一法人，组建省联社，并在常熟、江阴、张家港三地组建了股份制农商行。同时，全国还试点组建了京、沪、渝、津、宁5家省级联社，创建了浙、川、闽、黑、陕5个省级协会，组建了65家地市级联合社，为深化农村信用社改革试点进行了全方位探索，积累了宝贵经验。

（五）农村信用社的深化改革试点推进时期（2003年至今）

2003年6月，国务院印发《深化农村信用社改革试点方案》，按照"明晰产权关系、强化约束机制、增强服务功能、国家适当扶持、地方政府负责"的总体思路，在浙、鲁等8省市率先启动农村信用社改革试点。试点内容主要包括：一是以法人为单位，改革信用社产权制度，明晰产权关系，完善法人治理结构，区分各类情况，确定不同的产权关系；二是改革信用社管理体制，将信用社的管理交由地方政府负责，在管理体制上进行积极探索，把农村信用社管理和风险责任移交省级政府。2004年8月，试点扩大至除藏、琼以外的29个省份。2007年，海南省联社正式挂牌成立。至此，农村信用社新的管理体制框架初步建立，产权组织形式呈现多元化发展态势。在财政、货币和税收政策的综合支持下，农村信用社彻底摆脱了发展缓慢、连年亏损的不利局面，迎来了历史上发展最快的时期。2011年，银监会宣布不再组建新的农村信用合作社和农村合作银行，全面取消资格股，逐步将符合条件的农村信用合作社改组为农村商业银行，农村合作银行则要全部改组为农村商业银行。农村商业银行成为重点发展的农村金融机构。截至 2018 年底，全国范围的农信社改制已完成大半。包括农村商业银行、农村合作银行、农村信用合作社和新型农村金融机构在内的机构法人数量已达 2 269 家，占全国银行业金融机构数量的 49%。通过改革探索，各地农信社系统逐渐建立起适应现代企业制度要求的法人治理机制和经营机制，并确立了省级政府管理、监管机构监管、农信社自主经营的管理体制，经营效益持续改善，管理水平也有了明显提高。

二、农信社系统的主要机构

农信社系统是全国法人机构最多、从业人员最多和城乡分布最为广泛的农村金融机构。农信社系统包含了农村信用合作社、农村合作银行、农村商业银行三类农村金融机构。

农村信用合作社是指经中国人民银行批准设立，由社员入股组成，实行社员民主管理，主要为社员提供金融服务的合作金融机构。农村信用合作社是独立的企业法人，主要任务是筹集农村闲散资金，为农业、农民和农村经济发展提供金融服务。

农村合作银行是在遵循合作制原则基础上，吸收股份制的原则和做法而构建的一种新的银行组织形式，是实行股份合作制的社区性地方金融机构。它有利于金融机构的规模经营，节约管理成本，提高整体的抗风险能力；有利于构建新的明晰的产权关系；有利于体现众多分散农户、个体经济户的权益，又能兼顾其他大股东的利益。

农村商业银行是在发达地区的农村信用合作社基础上改制组建的股份制商业银行。它突破了原有农村合作金融组织的经营模式，经营机制更加灵活，有利于业务的拓展和更好地为辖区内"三农"提供优质服务。

三、农村信用合作社的管理制度

（一）信用社民主管理组织

社员（代表）大会是信用社的最高权力机构，由农信社社员代表组成，社员代表按社员人数的一定比例由信用社社员选举产生，每届任期 3 年。表决时，每个社员一票。

理事会是社员（代表）大会的常设执行机构，由 5 名以上（人数为奇数）理事组成，理事均由社员担任，由社员（代表）大会选举或更换，每届任期与社员（代表）大会任期相同，行使职权到下届社员（代表）大会选出新的理事为止。

监事会是农村信用社的监督机构，由 3 名以上（人数为奇数）监事组成，监事由社员（代表）大会选举和更换。每届任期和社员（代表）大会任期相同，行使职权到下届社员（代表）大会选出新的监事为止。监事应由社员代表、职工代表组成，理事、主任、副主任和财务负责人不得兼任监事。

农村信用社实行理事会领导下的主任负责制。信用社主任为法人代表，由县联社推荐并进行考核，经人民银行审核任职资格后由理事会予以聘任。

（二）社员的权利与义务

社员的权利主要包括：

（1）选举权和被选举权；

（2）获得农信社金融服务的优先权和优惠权；

（3）对农信社工作及工作人员提出建议、批评，进行监督或质询的权利；

（4）享有股金分红和利润返还权；

（5）农信社终止后依法取得农信社剩余财产的权利；

（6）享有农信社为社员举办的文化等公益事业的权利。

社员的义务主要包括：

（1）遵守农信社社章，执行社员代表大会、理事会的各项决议；

（2）缴纳股金；

（3）以其缴纳股金为限对农信社的债务承担责任；

（4）维护农信社的利益和信誉，支持农信社的合法经营；

（5）在农信社开户，积极在农信社存款；

（6）宣传办社意义，协助发展社员。

四、农村信用合作社的性质与特点

（一）农村信用合作社的性质

农村信用合作社是由个人集资联合组成的以互助为主要宗旨的农村信用合作金融机构。农村信用合作社具有组织上的群众性、管理上的民主性、业务经营上的灵活性。

农村信用合作社是银行类金融机构，其共同特征是以吸收存款为主要负债，以发放贷款为主要资产，以办理转账结算为主要中间业务，直接参与存款货币的创造过程。

（二）农村信用合作社的特点

农村信用合作社作为一种合作性的金融机构，与商业银行具有不同的特征。农村信用合作社作为一种受政府大力扶持的农村金融机构，又不同于农业政策性银行。作为合作社的一种类型，农村信用社与其他合作社也具有不同的特征。

1. 农村信用合作社的管理与业务经营均以互助为主要宗旨，在互助基础上适当盈利。农村信用合作社是由农民集资联合组成以互助为主要宗旨的合作金融组织。农村信用合作社的业务经营是在民主选举基础上由社员指定人员管理经营，并对社员负责。农村信用合作社的最高权力机构是社员代表大会，负责具体事务管理和业务经营的执行机构是理事会。

2. 农村信用合作社的主要资金来源是合作社成员缴纳的股金、留存的公积金和吸收的存款，贷款主要用于解决其成员的资金需求；刚开始主要发放短期生产生活贷款和消费贷款，随着经济发展，渐渐扩宽了放款主体。

3. 由于业务对象是社员，因此业务手续简便灵活。农村信用合作社的主要任务是依照国家法律和金融政策的规定，组织和调节农村资金，支持农业生产和农村综合发展，支持各种形式的合作经济和社员家庭经济。

第四节　中国邮政储蓄银行

一、中国邮政储蓄银行的发展历程

中国邮政储蓄始办于 1919 年，民国末期陷入停顿。新中国成立后，人民银行于 1951 年委托邮政部门代理储蓄业务，1953 年再次停办。1986 年，为支持国家经济建设，国务院批准邮政部门恢复办理储蓄业务，并在原邮电部和各省（区、市）邮电管理局内设置了邮政储汇局，对邮政储蓄、汇兑等金融业务进行管理。此后 30 多年内，邮政储蓄在经营能力、服务水平、资产质量等方面取得了巨大的发展。中国邮政储蓄银行的发展大致经历了以下五个发展阶段。

（一）起步阶段：1986 年至 1989 年

1986 年 3 月 10 日，经国务院批准，邮电部与中国人民银行正式签署协议，在全国范围内办理邮政储蓄业务。依托邮政的网络设施，邮政部门为中国人民银行代办储蓄业务，资金全额缴存中国人民银行，中国人民银行承担拨付邮局计付储户的存款本息，并按协议每季度支付邮政储蓄存款日均余额的 0.2% 作为手续费。邮政储蓄在比较短的时间内建立了管理体系和规章制度，充实人员队伍，广大城乡居民开始认可和接受邮政储蓄。到 1989 年，邮政储蓄存款余额超过 100 亿元，市场占有率达到 1.96%。

（二）平稳发展阶段：1990 年至 1998 年

邮政储蓄由代办模式转变为自办模式，邮政储蓄资金全额转存人民银行，双方协商确定转存款利率，中国人民银行停止向邮政储蓄提供备用金和计付手续费，邮政储蓄机构主要依靠邮政储蓄存款转存利息差作为收入来源。1995 年，储蓄余额突破 1 000 亿元。

（三）快速提高阶段：1998 年至 2003 年

邮电分营、邮政独立运行后，邮政储汇业务保持快速发展的势头。邮政储蓄余额逐年攀升，成为邮政业务中规模最大、增长速度最快、贡献率最高的高效业务和支柱业务。中国人民银行将邮政储蓄转存的存款利率统一，取消转存活期与转存长期的区别。

（四）业务改革阶段：2003 年至 2006 年

2003 年 8 月 1 日，以国家对邮政储蓄开始实行新老划段、新增资金自主运用的改革为标志，邮政储蓄的发展进入了一个新的阶段。2004 年 6 月，邮政储蓄余额突破 1 万亿元大关。2006 年 3 月 19 日，经中国银监会批准，国家邮政局在福建、湖北、陕西试点开办邮政储蓄定期存单小额质押贷款业务，改变了邮政储蓄持续 20 多年的"只存不贷"的局面。邮政储蓄由单纯的吸收存款，向资产、负债、中间业务全面、协调发展迈出了重要一步，为城乡居民提供服务的能力和水平进一步提高，市场地位进一步巩固。

（五）中国邮政储蓄银行阶段：2007 年至今

2007 年 3 月，中国邮政储蓄银行有限责任公司正式成立。2012 年 1 月 21 日，经国务院同意并经中国银监会批准，中国邮政储蓄银行有限责任公司依法整体变更为中国邮政储蓄银行股份有限公司。2015 年，邮储银行引入 10 家境内外战略投资者，进一步提升了综合实力。2016 年，邮储银行在香港联交所主板成功上市，正式登陆国际资本市场。在"2017 年全球银行 1 000 强排名"中，邮储银行总资产居第 21 位。2019 年 2 月 11 日，银保监会发布《银行业金融机构法人名单》（截至 2018 年 12 月底），在机构类型中，中国邮政储蓄银行被列为国有大型商业银行，与工农中建交同列。

中国邮政储蓄银行经过不懈努力，已成为全国网点规模最大、网点覆盖面最广、客户最多的金融服务机构。中国邮政储蓄银行拥有营业网点近 4 万个，是中国拥有网点最多的银行，服务触角遍及广袤城乡，其中近 3.2 万个网点委托邮政集团代理，这些网点大多分布在县及县以下的乡镇地区，其中 8 000 多个网点是银行自营网点，主要分布在县城及城市地区。中国邮政储蓄银行服务个人客户超过 5 亿人，拥有优异的资产质量和显著的成长潜力。目前，邮储银行打造了包括网上银行、手机银行、自助银行、电话银行、"微银行"等在内的全方位电子银行体系，形成了电子渠道与实体网络互联互通，线下实体银行与线上虚拟银行齐头并进的金融服务格局。中国邮政储蓄银行充分依托覆盖城乡的网络优势，坚持服务"三农"、服务中小企业、服务社区的定位，自觉承担起"普之城乡，惠之于民"的社会责任，走出了一条"普惠金融"的发展道路。

二、中国邮政储蓄银行的业务经营

中国邮政储蓄银行经中国银行业监督管理委员会批准，可以经营商业银行允许经营的各项金融业务。

（一）公司业务

1. 存款业务。

（1）单位活期存款。单位活期存款是指企业、事业、机关、部队、社会团体等经济实体在邮政储蓄银行开立单位结算账户，办理不规定存期、可随时存取的存款。此类存款不固定期限，客户存取方便，其存取主要通过现金或转账办理。

（2）单位定期存款。单位定期存款是指企业、事业、机关和社会团体等单位与银行在存款时事先约定期限、利率，到期后支取本息的存款。计息方式按中国人民银行挂牌公告的定期存款利率计付利息，遇利率调整时不分段计息。单位定期存款的期限分为 3 个月、半年、1 年、2 年、3 年、5 年 6 个档次。

（3）单位协定存款。单位协定存款是指客户通过与银行签订单位协定存款合同，约定期限，商定结算账户需要保留的基本存款额度，对账户中超过该额度的存款按双方约定的协定存款利率进行单独计息的存款。

（4）单位通知存款。单位通知存款是指存款单位不约定存期，在支取时需事先通知银行的一种人民币存款。按存款人提前通知的期限长短一般分为 1 天通知存款和 7 天通知存款两个品种。客户需以正式支取通知书形式提前 1 天或 7 天通知银行，约定支取日期和金额；如以其他方式通知银行的，到约定日需提交正式支取通知书。目前邮政储蓄银行单位通知存款的起存金额为 50 万元，最低支取金额为 10 万元，存款人需一次性存入，可一次或分次支取但余额不得低于起存金额。通知存款按支取日挂牌公告的相应利率水平和实际存期计息，利随本清。

（5）单位大额存单。单位大额存单是指邮储银行向非金融机构投资人发行的以人民币计价的记账式大额存款凭证，是银行存款类金融产品，属一般性存款。单位大额存单的投资人包括在中国境内符合中国人民银行开户条件的企业、机关、团体、部队、事业单位、保险公司、社保基金以及中国人民银行认定的其他单位。单位大额存单采用标准期限的产品形式，认购单位大额存单起点金额不低于 1 000 万元。期限包括 1 个月、3 个月、6 个月、9 个月、1 年、18 个月、2 年、3 年和 5 年共 9 个品种。单位大额存单付息方式分为到期一次还本付息和定期付息、到期还本。定期付息频率包括月、季、半年、年、期满五种，不超过该期单位大额存单的期限。

2. 贷款业务。

（1）流动资金贷款。流动资金贷款是根据客户在生产经营过程中短期或中期资金需求，为保证客户正常生产经营周转而发放的本外币贷款。

（2）固定资产贷款与项目融资贷款。固定资产贷款与项目融资贷款是根据客户固定资产投资活动的资金需求，邮储银行向客户发放的用于新建、扩建、改造、购置、安装固定资产投资项目的本外币贷款。

（3）银团贷款。银团贷款是指由获准经营贷款业务的多家银行或非银行金融机构参加，基于相同的贷款条件，采用同一贷款协议，按商定的期限和条件向同一借款人提供资金的贷款方式。按照贷款方式的不同，银团贷款分为直接银团贷款、间接银团贷款和联合贷款。

（4）委托贷款。委托贷款是指由政府部门、企事业单位及个人等委托人提供资金，由邮储银行作为受托人（贷款人），根据委托人确定的境内外企（事）业法人单位或其他经济组织作为借款人，按照委托人确定的用途、币种、金额、期限、利率以及还款方式等代为发放、监督使用、协助收回本息并收取手续费的贷款。

（5）经营性物业抵押贷款。经营性物业抵押贷款是指邮储银行向具有合法承贷主体资格的经营性物业所有权人或所有权人同意并对之有实际控制能力的第三方经营机构发放的，以其合法拥有的经营性物业作为抵押物，并以该物业的经营收入作为主要还款来源的人民币贷款业务。

（6）公开授信业务。公开授信业务是指邮储银行在公司客户核定的综合授信额度内，通过与客户签订的一揽子综合公开授信协议，在该协议规定的期限内，邮储银行承诺给予客户一定金额的授信总量额度的业务。公开授信协议下包括的业务内容有流动资金贷款、银行承兑汇票、商业承兑汇票贴现、法人账户透支、贸易融资等。

3. 结算业务。中国邮政储蓄银行向企事业单位提供票据、汇兑、委托收款等多样化的对公结算服务，保证企业在日常经济活动中实现便利、快捷的货币给付及资金清算。服务范围包括为企事业单位提供信汇结算、电汇结算、代收代付等服务，为网络性企业提供个性化的资金归集等综合结算服务。

4. 托管业务。中国邮政储蓄银行于 2009 年 7 月获得证券投资基金托管资格，成为中国第 16 家具有证券投资基金托管资格的托管银行，可托管证券投资基金、银行理财产品、信托产品、专户理财产品、券商理财等多种资产，为客户提供账户开立、财产保管、资金结算、会计核算、投资监督、信息披露、托管报告等安全、高效、专业的托管服务。

（二）个人业务

1. 储蓄存款业务。储蓄存款业务包括为个人客户提供活期存款、一本通存款、个人存款证明、个人通知存款、定期存款、定活两便存款业务。

2. 个人贷款业务。个人贷款业务包括房地产抵押个人商务贷款、小企业主快捷贷、组合担保个人商务贷款、个人经营性车辆按揭贷款、海域使用权抵押个人商务贷款、担保公司担保个人商务贷款、小水电抵押个人商务贷款、营运客车抵押个人商务贷款、林权抵押个人商务贷款、渔船抵押个人商务贷款、内河运输船舶抵押个人商务贷款等。

3. 个人结算业务。个人结算业务包括开办电话银行汇款、预约转账、异地结算、国内汇兑、商易通、网上支付通、ATM/POS 等业务。

4. 银行卡（信用卡）业务。银行卡（信用卡）业务包括开办绿卡、绿卡通、绿卡贵宾金卡、淘宝绿卡、腾讯 QQ 联名卡、绿卡生肖卡、绿卡外汇卡、区域联名卡、EMS 联名信用卡等。

5. 投资理财业务。投资理财业务包括代理保险、基金、国债、贵金属业务，办理资金存管、外汇业务，发售理财产品。

三、中国邮政储蓄银行"三农"服务

中国邮政储蓄银行坚持"普之城乡，惠之于民"的经营理念，在提供普惠金融服务、发展绿色金融、支持精准扶贫等方面，积极履行社会责任。

（一）"三农"公司业务

"三农"公司业务聚焦现代农业、农业产业化和产业链、乡村振兴、金融扶贫四大领域，积极服务国家农业供给侧结构性改革和乡村振兴战略，为农业农村领域各类公司客户提供各类融资融信产品和全方位产业链金融服务。

现代农业金融服务，涵盖农林牧渔业、农副产品加工与流通、农业科技、农用机械及服务等领域。邮储银行向符合条件的涉农产业经营主体发放用于正常生产经营周转、固定资产投资活动的本外币贷款，涉及流动资金贷款、固定资产贷款、银团贷款、委托贷款、经营性物业抵押贷款等业务，积极助推农业科技化、现代化，确保国家粮食安全。

农业产业化和产业链业务，是邮储银行顺应农村一二三产业融合趋势，发挥邮储网点渠道和小贷业务优势，为农业产业化龙头企业及上下游农业经营主体提供的产业链综合金融服务；重点聚焦生猪、乳业等具有较长产业链资源的涉农行业和大型农产品批发市场、农产品流通市场等商圈市场；以支持核心企业固定资产建设、交易系统建设、商户资金结算为抓手，深入产业链条，逐步打造形成邮储农业产业链金融服务品牌。

乡村振兴金融业务是邮储银行针对国家乡村振兴骨干项目和重点领域提供的金融服务。支持重点对象包括经营性现金流能够覆盖贷款本息的农村人居环境提升项目、农村商品流通项目、农村基础设施项目和美丽乡村建设项目等。贷款主要投向农村污水处理、垃圾焚烧、固体废弃物处理、特色市场和物流枢纽建设、水利、管廊、电网、燃气、供热、"四园一区"等领域，提供的贷款种类主要有固定资产贷款、银团贷款、经营性物业抵押贷款，以及各类投资银行、金融市场等综合金融业务。

金融精准扶贫业务，包括产业扶贫和项目扶贫两大类。其中，产业扶贫重点支持能吸收贫困人口就业、带动贫困人口增收的农民合作社和农业产业化龙头企业；项目扶贫侧重于扶贫地区项目自身现金流可覆盖贷款本息的农网升级改造、扶贫小水电、农田水利、基础设施建设等项目。基本贷款品种包括流动资金贷款、固定资产贷款、银团贷款、委托贷款和经营性物业抵押贷款等公司融资融信产品。

（二）"三农"贷款

1. 传统农户小额贷款。传统农户小额贷款是指中国邮政储蓄银行向从事农、林、牧、渔业或其他与农村经济发展有关的生产经营活动的客户群体发放的、用于满足其生产经营活动资金需求的、金额较小的联保、保证或抵质押贷款。

2. 农民专业合作社贷款。农民专业合作社贷款是指中国邮政储蓄银行向农民专业合作社法人或实际控制人、社员单独发放的法人或个人经营性贷款。

3. 农业产业链贷款。农业产业链贷款是指中国邮政储蓄银行与农业产业链核心企业合作，向与核心企业保持长期合作关系并签订合同的借款人发放的生产经营性人民币贷款。

4. 农机购置补贴贷款。农机购置补贴贷款是指由中国邮政储蓄银行向符合国家补贴条件的农户、农业生产经营组织提供的农业机械购置贷款。

5. 农村承包土地经营权贷款。农村承包土地经营权贷款即中国邮政储蓄银行以土地承包经营权抵押为担保方式，向从事与农村经济发展有关的生产经营活动的客户群体发放的、用于满足其生产经营活动资金需求的贷款。

6. 家庭农场（专业大户）贷款。家庭农场是指以家庭成员为主要劳动力，从事农业规模化、集约化、商品化生产经营，并以农业收入为家庭主要收入来源的新型农业经营主体。专业大户是指从事种植业、养殖业或其他与农业相关的经营服务达到一定规模、专业化生产经营的新型农业经营主体。家庭农场（专业大户）贷款是指中国邮政储蓄银行向家庭农场（专业大户）等新型农业经营主体发放的个人生产经营性贷款。

✍ 思考题

1. 简述当前中国农业银行的性质。

2. 如何理解当前中国农业银行的发展战略？

3. 政策性银行有哪些特点？

4. 中国农业发展银行的主要任务是什么？

5. 中国农业发展银行与其他银行有哪些区别？

6. 1978 年恢复农信社改革的主要目的是什么？

7. 2003 年开始的农信社改革的核心内容是什么？

8. 农村信用合作社、农村合作银行和农村商业银行这三类机构有什么区别？

9. 简述农村信用合作社的性质与特点。

10. 2006 年以前中国邮政储蓄是商业银行吗？为什么？

11. 中国邮政储蓄银行的"三农"公司业务主要聚焦哪些领域？

12. 中国邮政储蓄银行的"三农"个人贷款业务主要有哪些？

第三章
新型农村金融机构与服务

XINXING NONGCUN JINRONG

JIGOU YU FUWU

2006 年 12 月，中国银行业监督管理委员会发布了《关于调整放宽农村地区银行业金融机构准入政策更好支持社会主义新农村建设的若干意见》，首次允许产业资本和民间资本到农村地区新设银行，并提出要在农村增设村镇银行、贷款公司和农村资金互助社三类新型金融机构。本章将重点了解村镇银行、农村资金互助社、贷款公司三类新型农村金融机构的概况与服务。

第一节　村镇银行

一、村镇银行的界定及性质

中国银行业监督管理委员会[①]于 2007 年 1 月 22 日发布了《村镇银行管理暂行规定》，为村镇银行的具体设立、组织形式、公司治理等内容提供了法律规范。

（一）村镇银行的界定

村镇银行是指经中国银行业监督管理委员会依据有关法律、法规批准，由境内外金融机构、境内非金融机构企业法人、境内自然人出资，在农村地区设立的主要为当地农民、农业和农村经济发展提供金融服务的银行业金融机构。

（二）村镇银行的性质

1. 村镇银行是独立的企业法人，享有由股东投资形成的全部法人财产权，依法享有

---

① 2018 年 4 月，中国银行业监督管理委员会、中国保险业监督管理委员会合并为中国银行保险监督管理委员会（简称银保监会），因大多数监管文件为合并前发布，本章暂且保留中国银行业监督管理委员会（简称银监会）的说法。

民事权利，并以全部法人财产独立承担民事责任。

2. 村镇银行以安全性、流动性、效益性为经营原则，自主经营，自担风险，自负盈亏，自我约束。

3. 村镇银行依法开展业务，不受任何单位和个人的干涉。

4. 村镇银行是按照商业可持续发展原则设立的，是农村银行业金融服务体系的一个组成部分，业务品种较为丰富。

5. 村镇银行是不同于小额信贷组织的新型农村金融机构。小额信贷组织是主要依靠自有资金开展贷款业务的经济组织，不得对公众吸收存款。

二、村镇银行的设立要求

（一）村镇银行的名称

村镇银行的名称由行政区划、字号、行业、组织形式依次组成，其中行政区划指县级行政区划的名称或地名。

（二）设立村镇银行的条件

1. 有符合规定的章程。

2. 发起人或出资人应符合规定的条件，且发起人或出资人中应至少有 1 家银行业金融机构。

3. 在县（市）设立的村镇银行，其注册资本不得低于 300 万元人民币；在乡（镇）设立的村镇银行，其注册资本不得低于 100 万元人民币。

4. 注册资本为实收货币资本，且由发起人或出资人一次性缴足。

5. 有符合任职资格条件的董事和高级管理人员。

6. 有具备相应专业知识和从业经验的工作人员。

7. 有必需的组织机构和管理制度。

8. 有符合要求的营业场所、安全防范措施和与业务有关的其他设施。

9. 中国银行业监督管理委员会规定的其他审慎性条件。

（三）设立村镇银行的步骤及要求

村镇银行应依照《中华人民共和国公司法》自主选择组织形式。设立村镇银行应当经过筹建和开业两个阶段。各个阶段需要提交的材料如表 3 – 1 所示。

表 3 – 1　　　　　　　　　设立村镇银行的两个阶段及其要求

筹建	开业
①筹建申请书 ②可行性研究报告 ③筹建工作方案 ④筹建人员名单及简历 ⑤发起人或出资人基本情况及自然人以外的其他发起人或出资人最近 2 年经审计的会计报告 ⑥发起人或出资人为境内外金融机构的，应提交其注册地监管机构出具的书面意见 ⑦中国银行业监督管理委员会规定的其他材料	①开业申请书 ②筹建工作报告 ③章程草案 ④拟任职董事、高级管理人员的任职资格申请书 ⑤法定验资机构出具的验资证明 ⑥营业场所所有权或使用权的证明材料 ⑦公安、消防部门对营业场所出具的安全、消防设施合格证明 ⑧中国银行业监督管理委员会规定的其他材料

　　申请村镇银行董事和高级管理人员任职资格，拟任人除应符合银行业监督管理机构规定的基本条件外，还应符合下列条件：（1）村镇银行董事应具备与其履行职责相适应的知识、经验及能力；（2）村镇银行董事长和高级管理人员应具备从事银行业工作 5 年以上，或者从事相关经济工作 8 年以上（其中从事银行业工作 2 年以上）的工作经验，具备大专以上（含大专）学历。村镇银行分支机构的负责人应通过所在地银监局组织的从业资格考试，并在任职前报银监分局或所在城市银监局备案。

　　村镇银行可根据农村金融服务和业务发展需要，在县域范围内设立分支机构。设立分支机构不受拨付营运资金额度及比例的限制。村镇银行分支机构的筹建方案，应事前报监管办事处备案。未设监管办事处的，向银监分局或所在城市银监局备案。村镇银行在分支机构筹建方案备案后即可开展筹建工作。

三、村镇银行的股权设置和股东资格

（一）村镇银行的股权设置要求

　　村镇银行的股权设置除按照《中华人民共和国公司法》有关规定执行外，还应符合下列基本要求。

　　1. 村镇银行最大股东或唯一股东必须是银行业金融机构。

　　2. 最大银行业金融机构股东持股比例不得低于村镇银行股本总额的 20%，单个自然人股东及关联方持股比例不得超过村镇银行股本总额的 10%，单一非银行金融机构或单一非金融机构企业法人及其关联方持股比例不得超过村镇银行股本总额的 10%。

　　3. 任何单位或个人持有村镇银行股本总额 5% 以上的，应当事前报经银监分局或所在城市银监局审批。

　　4. 村镇银行股东不得虚假出资或者抽逃出资。村镇银行不得接受本行股份作为质押权标的。村镇银行的股份可依法转让、继承和赠与。但发起人或出资人持有的股份自村镇银行成立之日起 3 年内不得转让或质押。村镇银行董事、行长和副行长持有的股份，在任职期内不得转让或质押。

（二）村镇银行的股东资格

　　1. 境内金融机构投资入股村镇银行应当具备的条件。

　　（1）商业银行未并表和并表后的资本充足率均不低于 8%，且主要审慎监管指标符合监管要求；其他金融机构的主要合规和审慎监管指标符合监管要求。

　　（2）财务状况良好，近两个会计年度连续盈利。

　　（3）入股资金来源真实合法。

　　（4）公司治理良好，内部控制健全有效。

　　（5）银监会规定的其他审慎性条件。

　　此外，境内金融机构出资设立或入股村镇银行须事先报经银行业监督管理机构及有关部门批准。

　　2. 境外金融机构投资入股村镇银行应当具备的条件。

　　（1）最近 1 年年末总资产原则上不少于 10 亿美元。

（2）财务稳健，资信良好，最近两个会计年度连续盈利。

（3）银行业金融机构资本充足率应达到其注册地银行业资本充足率平均水平且不低于8%，非银行金融机构资本总额不低于加权风险资产总额的10%。

（4）入股资金来源真实合法。

（5）公司治理良好，内部控制健全有效。

（6）注册地国家（地区）金融机构监督管理制度完善。

（7）该项投资符合注册地国家（地区）法律、法规的规定以及监管要求。

（8）注册地国家（地区）经济状况良好。

（9）中国银行业监督管理委员会规定的其他审慎性条件。

3. 境内非金融机构企业法人投资入股村镇银行应当具备的条件。

（1）在市场监督管理部门登记注册，具有法人资格。

（2）有良好的社会声誉、诚信记录和纳税记录。

（3）财务状况良好，入股前上一年度盈利。

（4）年终分配后，净资产达到全部资产的10%以上（合并会计报表口径）。

（5）入股资金来源合法，不得以借贷资金入股，不得以他人委托资金入股。

（6）有较强的经营管理能力和资金实力。

（7）中国银行业监督管理委员会规定的其他审慎性条件。

4. 境内自然人投资入股村镇银行应当具备的条件。

（1）有完全民事行为能力。

（2）有良好的社会声誉和诚信记录。

（3）入股资金来源合法，不得以借贷资金入股，不得以他人委托资金入股。

（4）中国银行业监督管理委员会规定的其他审慎性条件。

四、村镇银行的公司治理

村镇银行的组织机构及其职责应按照《中华人民共和国公司法》的相关规定执行，并在其章程中明确。村镇银行应根据其决策管理的复杂程度、业务规模和服务特点设置简洁、灵活的组织机构。

首先，村镇银行可只设立董事会，行使决策和监督职能；也可不设董事会，由执行董事行使董事会相关职责。村镇银行应建立有效的监督制衡机制。不设董事会的，应由利益相关者组成的监督部门（岗位）或利益相关者派驻的专职人员行使监督检查职责。

其次，村镇银行设行长1名，根据需要设副行长1至3名。规模较小的村镇银行，可由董事长或执行董事兼任行长。村镇银行董事会或监督管理部门（岗位）应对行长实施年度专项审计。审计结果应向董事会、股东会或股东大会报告，并报银监分局或所在城市银监局备案。行长、副行长离任时，须进行离任审计。村镇银行可设立独立董事。独立董事与村镇银行及其主要股东之间不应存在影响其独立判断的关系。独立董事履行职责时尤其要关注存款人和中小股东的利益。

再次，村镇银行董事和高级管理人员对村镇银行负有忠实义务和勤勉义务。董事违反法律、法规或村镇银行章程，致使村镇银行遭受严重损失的，应当承担赔偿责任。行长、副行长违反法律、法规或超出董事会或执行董事授权范围作出决策，致使村镇银行遭受严重损失的，应承担相应赔偿责任。

最后，村镇银行董事会和经营管理层可根据需要设置不同的专业委员会，提高决策管理水平。规模较小的村镇银行，可不设专业委员会，并视决策复杂程度和风险高低程度，由相关的专业人员共同研究决策或直接由股东会或股东大会作出决策。村镇银行要建立适合自身业务特点和规模的薪酬分配制度、激励约束机制，培育相适应的企业文化。

五、村镇银行的经营管理

（一）业务范围

经银监分局或所在城市银监局批准，村镇银行可经营业务范围如表3-2所示。有条件的村镇银行要在农村地区设置ATM，并根据农户、农村经济组织的信用状况向其发行银行卡。村镇银行在缴足存款准备金后，其可用资金应全部用于当地农村经济建设。村镇银行发放贷款应首先充分满足县域内农户、农业和农村经济发展的需要。确已满足当地农村资金需求的，其富余资金可投放当地其他产业、购买涉农债券或向其他金融机构融资。

表3-2	村镇银行可以经营的业务种类
①吸收公众存款	⑤从事同业拆借
②发放短期、中期和长期贷款	⑥从事银行卡业务
③办理国内结算	⑦代理发行、代付兑付、承销政府债券
④办理票据承兑与贴现	⑧代理收付款项及代理保险业务

（二）贷款发放

村镇银行应建立适合自身业务发展的授信工作机制，合理确定不同借款人的授信额度。在授信额度以内，村镇银行可以采取一次授信、分次使用、循环放贷的方式发放贷款。村镇银行发放贷款应坚持小额、分散的原则，提高贷款覆盖面，防止贷款过度集中。村镇银行对同一借款人的贷款余额不得超过资本净额的5%；对单一集团企业客户的授信余额不得超过资本净额的10%。村镇银行应建立审慎、规范的资产分类制度和资本补充、约束机制，准确划分资产质量，充分计提呆账准备，及时冲销坏账，真实反映经营成果，确保资本充足率在任何时点不低于8%，资产损失准备充足率不低于100%。

（三）内部控制与审计

村镇银行应建立健全内部控制制度和内部审计机制，提高风险识别和防范能力，对内部控制执行情况进行检查、评价，并对内部控制的薄弱环节进行纠正和完善，确保依法合规经营。村镇银行执行国家统一的金融企业财务会计制度以及银行业监督管理机构的有关规定，建立健全财务、会计制度。村镇银行应真实记录并全面反映其业务活动和财务状况，编制财务会计报告，并提交其权力机构审议。

六、对村镇银行的监督检查

村镇银行开展业务，依法接受银行业监督管理机构的监督管理。银行业监督管理机构根据村镇银行业务发展和当地客户的金融服务需求，结合非现场监管及现场检查结果，依法审批村镇银行的业务范围和新增业务种类。银行业监督管理机构依据国家有关法律、行政法规，制定村镇银行的审慎经营规则，并对村镇银行风险管理、内部控制、资本充足率、资产质量、资产损失准备充足率、风险集中、关联交易等方面实施持续、动态监管。

银行业监督管理机构按照《商业银行监管内部评级指引》的有关规定，制定对村镇银行的评级办法，并根据监管评级结果实施差别监管。监督管理机构根据村镇银行的资本充足状况和资产质量状况，适时采取监管措施（见表3-3）。

表3-3　　　　　　　　　　　监管机构对村镇银行的监管措施

资本充足率	不良资产率	监管措施
>8%	<5%	适当减少现场检查频率和范围
4%~8%	—	限期提高资本充足率；限制资产增长速度、固定资产购置及红利分配、增设分支机构、开办新业务
2%~4%	>15%	进行高级管理人员调整；停办部分业务；限期重组
≤2%	—	适时接管、撤销或破产

银行业监督管理机构应建立对村镇银行支农服务质量的考核体系和考核办法，定期对村镇银行发放支农贷款情况进行考核评价，并可将考核评价结果作为对村镇银行综合评价、行政许可及高级管理人员履职评价的重要内容。

村镇银行违反《村镇银行管理暂行规定》的，银行业监督管理机构有权采取风险提示、约见其董事或高级管理人员谈话、监管质问、责令停办业务等措施，督促其及时进行整改，防范风险。

第二节　农村资金互助社

一、农村资金互助社的概念

根据中国银行业监督管理委员会的界定，农村资金互助社是指经银行业监督管理机构批准，由乡（镇）、行政村农民和农村小企业自愿入股组成，为社员提供存款、贷款、结算等业务的社区互助性银行业金融机构。农村资金互助社实行社员民主管理，以服务社员为宗旨，谋求社员共同利益。

二、农村资金互助合作组织的发展模式

中国银行业监督管理委员会通过正式文件方式推动农村资金互助，从而从正规化的角度促进了农村资金互助组织的发展。正规农村资金互助组织是在中央政府统一的运作规范和管理、监督办法框架内产生和运作的农村资金互助社，属于社区互助性银行业金融机构。为此，在中国农村实际存在的资金互助形式就出现了多样化的局面（见表3-4）。

表 3 – 4 　　　　　　　　　　　　农村资金互助组织的发展模式

	产生动因	存在形态	资金来源	金融许可	注册情况	经营地区范围
银监会推动	自发产生，根据银监会规则的许可	独立存在	吸储	有	工商	村
	根据银监会规则新产生	独立存在	吸储	有	工商	村或乡镇
		与合作经济组织共生	吸储	有	工商	村或乡镇

正规农村资金互助社有三种：

1. 银监会新政下新产生的独立存在的农村资金互助社。银监会给予金融业务经营许可，在工商行政管理部门注册，吸收储蓄存款，经营范围是乡镇或村，如 2007 年 3 月 28 日成立的青海乐都县雨润镇兴乐农村资金互助社，注册资本 36 万元，由雨润镇深沟村周边的 10 名农民和农村小企业主（其中从事金融工作的员工 1 人、农村小企业主 3 人、普通农民 2 人、种植大户 3 人、蔬菜经纪人 1 人）自愿入股组建。

2. 银监会新政下在原农民专业合作组织基础上组建的资金互助社。如 2008 年 3 月 25 日成立的山东沂水县姚店子镇聚福源农村资金互助社，注册资本 53.7 万元，是在原农民专业合作组织基础上组建，由农民和农村小企业自愿入股组成的社区互助性银行业金融机构，互助社共有股东 48 户，可以为社员提供存款、贷款、结算等业务。

3. 银监会新政下在农户原自发组建的农村资金互助社基础上重建的资金互助社。在原有农户自发组建的农村资金互助社基础上，根据银监会规则，获得银监会给予的金融业务经营许可，在工商行政管理部门注册，吸收储蓄存款。如 2007 年 3 月 9 日开业的吉林省梨树县闫家村百信农村资金互助社，该资金互助社由吉林梨树县闫家村 32 位农民发起成立，注册资本为 10.18 万元，其前身是闫家村农户自发组建的农村资金互助社。

此外，在中国农村还存在一些由农户自发组建的农村资金互助社和由地方政府推动而产生的农村资金互助社，没有纳入监管系列，属于非正规金融组织。这些农村资金互助社，有些没有登记注册，有些在民政部门登记；有些不吸收存款，有些吸收存款。

三、农村资金互助合作组织的基本规则

2007 年 1 月 22 日，银监会发布了《农村资金互助社管理暂行规定》和《农村资金互助社组建审批工作指引》，2007 年 2 月 4 日，又发布了《农村资金互助社示范章程》，推动了中国农村资金互助组织的正规化发展，这是中国农村资金互助组织发展的方向。

（一）设立农村资金互助社应当具备的条件及流程

1. 设立农村资金互助社应当具备的条件。农村资金互助社应在农村地区的乡（镇）和行政村以发起方式设立。其名称由所在地行政区划、字号、行业和组织形式依次组

成。设立农村资金互助社应当具备下列条件：

（1）有符合《农村资金互助社管理暂行规定》要求的章程。农村资金互助社章程应当载明的事项见表3-5。

表3-5　　　　　　　　　农村资金互助社章程应当载明的事项

①名称和住所	⑤社员的权利和义务
②业务范围和经营宗旨	⑥组织机构及其产生办法、职权和议事规则
③注册资本及股权设置	⑦财务管理和盈余分配、亏损处理
④社员资格及入社、退社和除名	⑧解散事由和清算办法

（2）有10名以上符合《农村资金互助社管理暂行规定》社员条件要求的发起人。

（3）有符合《农村资金互助社管理暂行规定》要求的注册资本。在乡（镇）设立的，注册资本不低于30万元人民币；在行政村设立的，注册资本不低于10万元人民币。注册资本应为实缴资本。

（4）有符合任职资格的理事、经理和具备从业条件的工作人员。

（5）有符合要求的营业场所，安全防范设施和与业务有关的其他设施。

（6）有符合规定的组织机构和管理制度。

（7）银行业监督管理机构规定的其他条件。

2. 设立农村资金互助社的流程。设立农村资金互助社，应当经过筹建与开业两个阶段，应向银行业监督管理机构提交表3-6列示的文件和资料。

表3-6　　　　　农村资金互助社申请筹建与申请开业需要提交的材料

申请筹建	申请开业
①筹建申请书 ②筹建方案 ③发起人协议书 ④银行业监督管理机构要求的其他文件资料	①开业申请 ②验资报告 ③章程（草案） ④主要管理制度 ⑤拟任理事、经理的任职资格申请材料及资格证明 ⑥营业场所、安全防范设施等相关材料 ⑦银行业监督管理机构要求的其他文件资料

农村资金互助社的筹建申请由银监分局受理并初步审查，银监局审查并决定；开业申请由银监分局受理、审查并决定。银监局所在城市的乡（镇）、行政村农村资金互助社的筹建、开业申请，由银监局受理、审查并决定。经批准设立的农村资金互助社，由银行业监督管理机构颁发金融许可证，并按工商行政管理部门规定办理注册登记，领取营业执照。农村资金互助社不得设立分支机构。

（二）农村资金互助社的社员和股权管理

1. 社员入股应当具备的条件。农村资金互助社社员是指符合《农村资金互助社管理暂行规定》要求的入股条件，承认并遵守章程，向农村资金互助社入股的农民及农村小企业。章程也可以限定其社员为某一农村经济组织的成员。农民和农村小企业向农村资金互助社入股应符合表3-7列示的条件。

表3-7   农民和农村小企业向农村资金互助社入股应符合的条件

农民	农村小企业
①具有完全民事行为能力 ②户口所在地或经常居住地（本地有固定住所且居住满3年）在入股农村资金互助社所在乡（镇）或行政村内 ③入股资金为自有资金且来源合法，达到章程规定的入股金额起点 ④诚实守信，声誉良好 ⑤银行业监督管理机构规定的其他条件	①注册地或主要营业场所在入股农村资金互助社所在乡（镇）或行政村内 ②具有良好的信用记录 ③上一年度盈利 ④年终分配后净资产达到全部资产的10%以上（合并会计报表口径） ⑤入股资金为自有资金且来源合法，达到章程规定的入股金额起点 ⑥银行业监督管理机构规定的其他条件

单个农民或单个农村小企业向农村资金互助社入股，其持股比例不得超过互助社股金总额的10%，超过5%的应经银行业监督管理机构批准，社员入股必须以货币出资，不得以实物、贷款或其他方式入股。互助社应向入股社员颁发记名股金证，作为社员的入股凭证。

2. 农村资金互助社社员的权利与义务。

农村资金互助社社员享有的权利：

（1）参加社员大会，并享有表决权、选举权和被选举权，按照章程规定参加该社的民主管理；

（2）享受该社提供的各项服务；

（3）按照章程规定或者社员大会（社员代表大会）决议分享盈余；

（4）查阅该社的章程和社员大会（社员代表大会）、理事会、监事会的决议、财务会计报表及报告；

（5）向有关监督管理机构投诉和举报；

（6）章程规定的其他权利。

农村资金互助社社员参加社员大会，享有一票基本表决权；出资额较大的社员按照章程规定，可以享有附加表决权。该社的附加表决权总票数，不得超过该社社员基本表决权总票数的20%。享有附加表决权的社员及其享有的附加表决权数，应当在每次社员大会召开时告知出席会议的社员。章程可以限制附加表决权行使的范围。社员代表参加社员代表大会，享有一票表决权。不能出席会议的社员（社员代表）可授权其他社员（社员代表）代为行使其表决权。授权应采取书面形式，并明确授权内容。

农村资金互助社社员承担下列义务：

（1）执行社员大会（社员代表大会）的决议；

（2）向该社入股；

（3）按期足额偿还贷款本息；

（4）按照章程规定承担亏损；

（5）积极向本社反映情况，提供信息；

（6）章程规定的其他义务。

农村资金互助社社员不得以所持本社股金为自己或他人担保。社员的股金和积累可以转让、继承和赠与，但理事、监事和经理持有的股金和积累在任职期限内不得转让。

农村资金互助社社员办理退股应当同时满足下列条件：

（1）社员提出全额退股申请；

（2）农村资金互助社当年盈利；

（3）退股后农村资金互助社资本充足率不低于8%；

（4）在本社没有逾期未偿还的贷款本息。

要求退股的，农民社员应提前3个月，农村小企业社员应提前6个月向理事会或经理提出，经批准后办理退股手续。退股社员的社员资格在完成退股手续后终止。社员在其资格终止前与农村资金互助社已订立的合同，应当继续履行；章程另有规定或者与该社另有约定的除外。社员资格终止的，农村资金互助社应当按照章程规定的方式、期限和程序，及时退还该社员的股金和积累份额。社员资格终止的当年不享受盈余分配。

（三）农村资金互助社的组织机构

1. 社员大会。农村资金互助社社员大会由全体社员组成，是该社的权力机构。社员超过100人的，可以由全体社员选举产生不少于31名的社员代表组成社员代表大会，社员代表大会按照章程规定行使社员大会职权。社员大会可行使职权如下：

（1）制定或修改章程；

（2）选举、更换理事、监事以及不设理事会的经理；

（3）审议通过基本管理制度；

（4）审议批准年度工作报告；

（5）审议决定固定资产购置以及其他重要经营活动；

（6）审议批准年度财务预、决算方案和利润分配方案、弥补亏损方案；

（7）审议决定管理和工作人员薪酬；

（8）对合并、分立、解散和清算等作出决议；

（9）章程规定的其他职权。

农村资金互助社召开社员大会（社员代表大会），出席人数应当达到社员（社员代表）总数三分之二以上。社员大会（社员代表大会）选举或者作出决议，应当由该社社员（社员代表）表决权总数过半数通过；作出修改章程或者合并、分立、解散和清算的决议应当由该社社员表决权总数的三分之二以上通过。章程对表决权数有较高规定的，从其规定。

农村资金互助社社员大会（社员代表大会）每年至少召开一次，有以下情形之一的，应当在20日内召开临时社员大会（社员代表大会）：（1）三分之一以上的社员提议；（2）理事会、监事会、经理提议；（3）章程规定的其他情形。

农村资金互助社社员大会（社员代表大会）由理事会召集，不设理事会的由经理召集，应于会议召开 15 日前将会议时间、地点及审议事项通知全体社员（社员代表）。章程另有规定的除外。农村资金互助社召开社员大会（社员代表大会）、理事会应提前 5 个工作日通知属地银行业监督管理机构，银行业监督管理机构有权参加。

2. 理事会。农村资金互助社原则上不设理事会，设立理事会的，理事不少于 3 人，设理事长 1 人，理事长为法定代表人。理事会的职责及议事规则由章程规定。

3. 经理层。农村资金互助社设经理 1 名（可由理事长兼任），未设理事会的，经理为法定代表人。经理按照章程规定和社员大会（社员代表大会）的授权，负责该社的经营管理。经理事会、监事会同意，经理可以聘任（解聘）财务、信贷等工作人员。农村资金互助社理事、经理任职资格需经属地银行业监督管理机构核准。农村资金互助社理事长、经理应具备高中或中专及以上学历，上岗前应通过相应的从业资格考试。

4. 监事会。农村资金互助社应设立由社员、捐赠人以及向其提供融资的金融机构等利益相关者组成的监事会，其成员一般不少于 3 人，设监事长 1 人。监事会按照章程规定和社员大会（社员代表大会）授权，对农村资金互助社的经营活动进行监督。监事会的职责及议事规则由章程规定。农村资金互助社经理和工作人员不得兼任监事。

农村资金互助社的理事、监事、经理和工作人员不得有以下行为：（1）侵占、挪用或者私分本社资产；（2）将本社资金借贷给非社员或者以本社资产为他人提供担保；（3）从事损害本社利益的其他活动。违反上述规定所得的收入，应当归该社所有；造成损失的，应当承担赔偿责任。

（四）农村资金互助社的经营管理

1. 资金来源。农村资金互助社以吸收社员存款、接受社会捐赠资金和向其他银行业金融机构融入资金作为资金来源。农村资金互助社接受社会捐赠资金，应由属地银行业监督管理机构对捐赠人身份和资金来源合法性进行审核。

2. 资金运用。农村资金互助社的资金应主要用于发放社员贷款，满足社员贷款需求后确有富余的可存放其他银行业金融机构，也可购买国债和金融债券。农村资金互助社发放大额贷款、购买国债或金融债券、向其他银行业金融机构融入资金，应事先征求理事会、监事会意见。农村资金互助社可以办理结算业务，并按有关规定开办各类代理业务。农村资金互助社开办其他业务应经属地银行业监督管理机构及其他有关部门批准。

农村资金互助社不得向非社员吸收存款、发放贷款及办理其他金融业务，不得以该社资产为其他单位或个人提供担保。农村资金互助社根据其业务经营需要，考虑安全因素，应按存款和股金总额一定比例合理核定库存现金限额。

3. 风险管理。农村资金互助社应审慎经营，严格进行风险管理。

（1）资本充足率不得低于 8%；

（2）对单一社员的贷款总额不得超过资本净额的 15%；

（3）对单一农村小企业社员及其关联企业社员、单一农民社员及其在同一户口簿上的其他社员贷款总额不得超过资本净额的 20%；

（4）对前十大户贷款总额不得超过资本净额的 50%；

（5）资产损失准备充足率不得低于 100%；

（6）银行业监督管理机构规定的其他审慎要求。

4. 会计、审计管理。农村资金互助社执行国家有关金融企业的财务制度和会计准则，设置会计科目和法定会计账册，进行会计核算。农村资金互助社应按照财务会计制度规定提取呆账准备金，进行利润分配，在分配中应体现多积累和可持续的原则。农村资金互助社当年如有未分配利润（亏损）应全额计入社员积累，按照股金份额量化至每个社员。

农村资金互助社监事会负责对本社进行内部审计，并对理事长、经理进行专项审计、离任审计，审计结果应当向社员大会（社员代表大会）报告。

5. 信息披露。农村资金互助社应按照规定向社员披露社员股金和积累情况、财务会计报告、贷款及经营风险情况、投融资情况、盈利及其分配情况、案件和其他重大事项。农村资金互助社应按规定向属地银行业监督管理机构报送业务和财务报表、报告及相关资料，并对所报报表、报告和相关资料的真实性、准确性、完整性负责。

（五）农村资金互助社的监督管理

银行业监督管理机构按照审慎监管要求对农村资金互助社进行持续、动态监管。

银监会根据农村资金互助社的资本充足和资产风险状况，采取差别监管措施。农村资金互助社违反《农村资金互助社管理暂行规定》其他审慎性要求的，银监会应责令其限期整改，并采取相应监管措施。

1. 资本充足率大于8%、不良资产率在5%以下的，可向其他银行业金融机构融入资金，属地银行业监督管理部门有权依据其运营状况和信用程度提出相应的限制性措施。银行业监督管理机构可适当降低对其现场检查频率。

2. 资本充足率低于8%、大于2%的，银行业监督管理机构应禁止其向其他银行业金融机构融入资金，限制其发放贷款，并加大非现场监管及现场检查的力度。

3. 资本充足率低于2%的，银行业监督管理机构应责令其限期增扩股金、清收不良贷款、降低资产规模，限期内未达到规定的，要求其自行解散或予以撤销。

农村资金互助社违反有关法律、法规，存在超业务范围经营、账外经营、设立分支机构、擅自变更法定变更事项等行为的，银监会应责令其改正，并按照《中华人民共和国银行业监督管理法》和《金融违法行为处罚办法》等法律法规进行处罚；对理事、经理、工作人员的违法违规行为，可责令农村资金互助社给予处分，并视不同情形，对理事、经理给予取消一定期限直至终身任职资格的处分；构成犯罪的，移交司法机关，依法追究刑事责任。

（六）农村资金互助社的合并、分立、解散和清算

1. 合并。农村资金互助社合并，应当自合并决议作出之日起10日内通知债权人。合并各方的债权、债务应当由合并后存续或者新设的机构承继。

2. 分立。农村资金互助社分立，其财产作相应的分割，并应当自分立决议作出之日起10日内通知债权人。分立前的债务由分立后的机构承担连带责任，但在分立前与债权人就债务清偿达成书面协议另有约定的除外。

3. 解散。农村资金互助社解散原因如下：（1）章程规定的解散事由出现；（2）社员大会决议解散；（3）因合并或者分立需要解散；（4）依法被吊销营业执照或者被撤销。因第（1）项、第（2）项、第（4）项原因解散的，应当在解散事由出现之日起15日内由社员大会推举成员组成清算组，开始解散清算。逾期不能组成清算组的，社员、债权人可以向人民法院申请指定社员组成清算组进行清算。清算组自成立之日起接管农村资金互助社，负责处理与清算有关未了结业务，清理财产和债权、债务，分配清偿债务后的剩余财产，代表农村资金互助社参与诉讼、仲裁或者其他法律事宜。清算组负责制订包括清偿农村资金互助社员工的工资及社会保险费用，清偿所欠税款和其他各项债务，以及分配剩余财产在内的清算方案，经社员大会通过后实施。清算组成员应当忠于职守，依法履行清算义务，因故意或者重大过失给农村资金互助社社员及债权人造成损失的，应当承担赔偿责任。

农村资金互助社因解散、被撤销而终止的，应当向发证机关缴回金融许可证，及时到工商行政管理部门办理注销登记，并予以公告。

第三节　贷款公司

一、贷款公司的含义

贷款公司是指经中国银行业监督管理委员会依据有关法律、法规批准，由境内商业银行或农村合作银行在农村地区设立的专门为县域农民、农业和农村经济发展提供贷款服务的非银行业金融机构，是由境内商业银行或农村合作银行全额出资的有限责任公司。这里所称农村地区，是指中西部、东北和海南省县（市）及县（市）以下地区，以及其他省（区、市）的国定贫困县和省定贫困县及县以下地区。

贷款公司是独立的企业法人，享有由投资形成的全部法人财产权，依法享有民事权利，并以全部法人财产独立承担民事责任。贷款公司的投资人依法享有资产收益、重大决策和选择管理者等权利。贷款公司以安全性、流动性、效益性为经营原则，自主经营，自担风险，自负盈亏，自我约束。

二、贷款公司的设立

（一）贷款公司的设立条件

1. 设立贷款公司应当符合下列条件：

（1）有符合规定的章程；

（2）注册资本不低于50万元人民币，为实收货币资本，由投资人一次足额缴纳；

（3）有具备任职专业知识和业务工作经验的高级管理人员；

（4）有具备相应专业知识和从业经验的工作人员；

（5）有必需的组织机构和管理制度；

（6）有符合要求的营业场所、安全防范措施和与业务有关的其他设施；

（7）中国银行业监督管理委员会规定的其他条件。

2. 设立贷款公司的投资人应当符合下列条件：

（1）投资人为境内商业银行或农村合作银行；

（2）资产规模不低于 50 亿元人民币；

（3）公司治理良好，内部控制健全有效；

（4）主要审慎监管指标符合监管要求；

（5）银监会规定的其他审慎性条件。

（二）贷款公司的设立程序

1. 设立贷款公司应当经筹建和开业两个阶段。筹建贷款公司，申请人应提交下列文件、材料：

（1）筹建申请书；

（2）可行性研究报告；

（3）筹建方案；

（4）筹建人员名单及简历；

（5）非贷款公司设立地的投资人应提供最近两年资产负债表和损益表以及该投资人注册地银行业监督管理机构的书面意见；

（6）中国银行业监督管理委员会规定的其他材料。

2. 贷款公司的筹建期最长为自批准决定之日起 6 个月。筹建期内达到开业条件的，申请人可提交开业申请。贷款公司申请开业，申请人应当提交下列文件、材料：

（1）开业申请书；

（2）筹建工作报告；

（3）章程草案；

（4）法定验资机构出具的验资报告；

（5）拟任高级管理人员的备案材料；

（6）营业场所所有权或使用权的证明材料；

（7）公安、消防部门对营业场所出具的安全、消防设施合格证明；

（8）中国银行业监督管理委员会规定的其他资料。

3. 贷款公司的筹建申请，由银监分局或所在城市银监局受理，银监分局审查并决定。银监分局自收到完整申请材料或自受理之日起 4 个月内作出批准或不予批准的书面决定。贷款公司的开业申请，由银监分局或所在城市银监局受理、审查并决定。银监分局或所在城市银监局自受理之日起 2 个月内作出核准或不予核准的决定。

贷款公司可根据业务发展需要，在县域内设立分公司。分公司的设立需经筹建和开业两个阶段。贷款公司分公司的筹建方案，应事先报监管办事处备案。未设监管办事处的，向银监分局或所在城市银监局备案。贷款公司在分公司筹建方案备案后即可开展筹建工作。分公司的开业申请，由银监分局或所在城市银监局受理、审查并决定，银监分局或所在城市银监局自受理之日起 2 个月内作出核准或不予核准的决定。经核准开业的贷款公司及其分公司，由决定机关颁发金融许可证，并凭金融许可证向市场监督管理部门办理登记，领取营业执照。

三、贷款公司的业务

贷款公司开展业务，必须坚持为农民、农业和农村经济发展服务的经营宗旨，贷款的投向主要用于支持农民、农业和农村经济发展。贷款公司不得吸收存款，信贷额度较高，贷款方式灵活。

贷款公司可经营下列业务：办理各项贷款；办理票据贴现；办理资产转让；办理贷款项下的结算；经中国银行业监督管理委员会批准的其他资产业务。

贷款公司发放贷款应当坚持小额、分散的原则，提高贷款覆盖面，防止贷款过度集中。贷款公司对同一借款人的贷款余额不得超过资本净额的10%；对单一集团企业客户的授信余额不得超过资本净额的15%。

四、贷款公司的组织机构和经营管理

贷款公司可不设立董事会、监事会，但必须建立健全经营管理机制和监督机制。投资人可委派监督人员，也可聘请外部机构履行监督职能。贷款公司的经营管理层由投资人自行决定，报银监分局或所在城市银监局备案。贷款公司章程由投资人制定和修改，报银监分局或所在城市银监局审查并核准。贷款公司董事会负责制订经营方针和业务发展计划，未设董事会的，由经营管理层制定，并经投资人决定后组织实施。

贷款公司在经营过程中应当遵循下列规定：

（1）贷款公司发放贷款应当坚持小额、分散的原则，提高贷款覆盖面，防止贷款过度集中。贷款公司对同一借款人的贷款余额不得超过资本净额的10%；对单一集团企业客户的授信余额不得超过资本净额的15%。

（2）贷款公司应当加强贷款风险管理，建立科学的授权授信制度、信贷管理流程和内部控制体系，增强风险的识别和管理能力，提高贷款质量。

（3）贷款公司应按照国家有关规定，建立审慎、规范的资产分类制度和资本补充、约束机制，准确划分资产质量，充分计提呆账准备，真实反映经营成果，确保资本充足率在任何时点不低于8%，资产损失准备充足率不低于100%。

（4）贷款公司应建立健全内部审计制度，对内部控制执行情况进行检查、评价，并对内部控制的薄弱环节进行纠正和完善，确保依法合规经营。

（5）贷款公司执行国家统一的金融企业财务会计制度，按照国家有关规定，建立健全贷款公司的财务、会计制度。

（6）贷款公司应当真实记录并全面反映其业务活动和财务状况，编制年度财务会计报告，并由投资人聘请具有资质的会计师事务所进行审计。审计报告须报银监分局或所在城市银监局备案。

（7）贷款公司应当按规定向银监分局或所在城市银监局报送会计报告、统计报表及其他资料，并对报告、资料的真实性、准确性、完整性负责。

（8）贷款公司应当建立信息披露制度，及时披露年度经营情况、重大事项等信息。

五、贷款公司的监督管理

贷款公司开展业务，依法接受银行业监督管理机构的监督管理，与投资人实施并表监管。银行业监督管理机构依据法律、法规对贷款公司的资本充足率、不良贷款率、风险管理、内部控制、风险集中、关联交易等实施持续、动态监管。

银行业监督管理机构根据贷款公司资本充足状况和资产质量状况，适时采取下列监管措施：

（1）对资本充足率大于8%，且不良贷款率在5%以下的，可适当减少检查频率，支持其稳健发展；

（2）对资本充足率低于8%、大于4%，或不良贷款率在5%以上的，要加大非现场监管和现场检查力度，并督促其限期补充资本、改善资产质量；

（3）对资本充足率降至4%以下，或不良贷款率高于15%的，适时采取责令其调整高级管理人员、停办所有业务、限期重组等措施；

（4）对限期内不能实现有效重组、资本充足率降至2%以下的，应责令投资人适时接管或由银行业监督管理机构予以撤销。

银行业监督管理机构依据有关法律、法规对贷款公司的资本充足状况、资产质量以及内部控制的有效性进行检查、评价，督促其完善资本补充机制、贷款管理制度及内部控制，加强风险管理。银行业监督管理机构有权要求投资人加强对贷款公司的监督检查，定期对其资产质量进行审计，对其贷款授权授信制度、信贷管理流程和内部控制体系进行评估，有权根据贷款公司的运行情况要求投资人追加补充资本，确保贷款公司稳健运行。贷款公司违反本规定的，银行业监督管理机构有权采取风险提示、约见谈话、监管质询、责令停办业务等措施，督促其及时进行整改，防范资产风险。

贷款公司及其工作人员在业务经营和管理过程中，有违反国家法律法规行为的，由银行业监督管理机构依照《中华人民共和国银行业监督管理法》《中华人民共和国商业银行法》及有关法律、行政法规实施处罚；构成犯罪的，依法追究刑事责任。贷款公司及其工作人员对银行业监督管理机构的处罚决定不服的，可依法提请行政复议或向人民法院提起行政诉讼。

> **延伸阅读3-1　银监发〔2006〕90号《中国银行业监督管理委员会关于调整放宽农村地区银行业金融机构准入政策　更好支持社会主义新农村建设的若干意见》**
>
> 各银监局，各政策性银行、国有商业银行、股份制商业银行、金融资产管理公司，国家邮政局邮政储汇局，各省（自治区、直辖市）农村信用社联合社，北京、上海农村商业银行，天津农村合作银行，银监会直接监管的信托投资公司、财务公司、金融租赁公司：

为解决农村地区银行业金融机构网点覆盖率低、金融供给不足、竞争不充分等问题，中国银行业监督管理委员会按照商业可持续原则，适度调整和放宽农村地区银行业金融机构准入政策，降低准入门槛，强化监管约束，加大政策支持，促进农村地区形成投资多元、种类多样、覆盖全面、治理灵活、服务高效的银行业金融服务体系，以更好地改进和加强农村金融服务，支持社会主义新农村建设。现就调整放宽农村地区银行业金融机构准入政策有关问题提出如下意见：

一、适用范围和原则

本意见适用于中西部、东北和海南省的县（市）及县（市）以下地区，以及其他省（区、市）的国定贫困县和省定贫困县（以下统称农村地区）。

农村地区银行业金融机构准入政策调整涉及面广，要积极、稳妥地开展这项工作，按照"先试点，后推开；先中西部，后内地；先努力解决服务空白问题，后解决竞争不充分问题"的原则和步骤，在总结经验的基础上，完善办法，稳步推开。首批试点选择在四川、青海、甘肃、内蒙古、吉林、湖北6省（区）的农村地区开展。

二、准入政策调整和放宽的具体内容

（一）放开准入资本范围。积极支持和引导境内外银行资本、产业资本和民间资本到农村地区投资、收购、新设以下各类银行业金融机构：一是鼓励各类资本到农村地区新设主要为当地农户提供金融服务的村镇银行。二是农村地区的农民和农村小企业也可按照自愿原则，发起设立为入股社员服务、实行社员民主管理的社区性信用合作组织。三是鼓励境内商业银行和农村合作银行在农村地区设立专营贷款业务的全资子公司。四是支持各类资本参股、收购、重组现有农村地区银行业金融机构，也可将管理相对规范、业务量较大的信用代办站改造为银行业金融机构。五是支持专业经验丰富、经营业绩良好、内控管理能力强的商业银行和农村合作银行到农村地区设立分支机构，鼓励现有的农村合作金融机构在本机构所在地辖内的乡（镇）和行政村增设分支机构。

上述新设银行业法人机构总部原则上设在农村地区，也可以设在大中城市，但其具备贷款服务功能的营业网点只能设在县（市）或县（市）以下的乡（镇）和行政村。农村地区各类银行业金融机构，尤其是新设立的机构，其金融服务必须能够覆盖机构所在地辖内的乡（镇）或行政村。

对在农村地区设立机构的申请，监管机构可在同等条件下优先审批。股份制商业银行、城市商业银行在农村地区设立分支机构，且开展实质性贷款活动的，不占用其年度分支机构设置规划指标，并可同时在发达地区优先增设分支机构；国有商业银行、股份制商业银行、城市商业银行在大中城市新设立分支机构的，原则上应在新设机构所在地辖内的县（市）、乡（镇）或行政村也相应设立分支机构。

（二）调低注册资本，取消营运资金限制。根据农村地区金融服务规模及业务复杂程度，合理确定新设银行业金融机构注册资本。一是在县（市）设立的村镇银行，其注册资本不得低于人民币300万元；在乡（镇）设立的村镇银行，其注册资本不得低于人民币100万元。二是在乡（镇）新设立的信用合作组织，其注册资本不得低于人民币30万元；在行政村新设立的信用合作组织，其注册资本不得低于人民币10万元。三是商业银行和农村合作银行设立的专营贷款业务的全资子公司，其注册资本不得低于人民币50万元。四是适当降低农村地区现有银行业金融机构通过合并、重组、改制方式设立银行业金融机构的注册资本，其中，农村合作银行的注册资本不得低于人民币1 000万元，以县（市）为单位实施统一法人的机构，其注册资本不得低于人民币300万元。

取消境内银行业金融机构对在县（市）、乡（镇）、行政村设立分支机构拨付营运资金的限额及相关比例的限制。

（三）调整投资人资格，放宽境内投资人持股比例。适当调整境内企业法人向农村地区银行业法人机构投资入股的条件。境内企业法人应具备良好诚信记录、上一年度盈利、年终分配后净资产达到全部资产的10%以上（合并会计报表口径）、资金来源合法等条件。

资产规模超过人民币50亿元，且资本充足率、资产损失准备充足率以及不良资产率等主要审慎监管指标符合监管要求的境内商业银行、农村合作银行，可以在农村地区设立专营贷款业务的全资子公司。

村镇银行应采取发起方式设立，且应有1家以上（含1家）境内银行业金融机构作为发起人。适度提高境内投资人入股农村地区村镇银行、农村合作金融机构持股比例。其中，单一境内银行业金融机构持股比例不得低于20%，单一自然人持股比例、单一其他非银行企业法人及其关联方合计持股比例不得超过10%。任何单位或个人持有村镇银行、农村合作金融机构股份总额5%以上的，应当事先经监管机构批准。

（四）放宽业务准入条件与范围。在成本可算、风险可控的前提下，积极支持农村地区银行业金融机构开办各类银行业务，提供标准化的银行产品与服务。鼓励并扶持农村地区银行业金融机构开办符合当地客户合理需求的金融创新产品和服务。农村地区银行业法人机构的具体业务准入实行区别对待，因地制宜，由当地监管机构根据其非现场监管及现场检查结果予以审批。

充分利用商业化网络销售政策性金融产品。在农村地区特别是老少边穷地区，要充分发挥政策性银行的作用。在不增设机构网点和风险可控的前提下，政策性银行要逐步加大对农村地区的金融服务力度，加大信贷投入。鼓励政策性银行在农村地区开展业务，并在平等自愿、诚实信用、等价有偿、优势互补原则的基础上，与商业性银行业金融机构开展业务合作，适当拓展业务空间，加大政策性金融支农服务力度。

鼓励大型商业银行创造条件在农村地区设置ATM，并根据农户、农村经济组织的信用状况向其发行银行卡。支持符合条件的农村地区银行业金融机构开办银行卡业务。

（五）调整董（理）事、高级管理人员准入资格。一是村镇银行的董事应具备与拟任职务相适应的知识、经验及能力，其董事长、高级管理人员应具备从事银行业工作 5 年以上，或者从事相关经济工作 8 年以上（其中从事银行业工作 2 年以上）的工作经验，具备大专以上（含大专）学历。二是在乡（镇）、行政村设立的信用合作组织，其高级管理人员应具备高中或中专以上（含高中或中专）学历。三是专营贷款业务的全资子公司负责人，由其投资人自行决定，事后报备当地监管机构。四是取消在农村地区新设银行业金融机构分支机构高级管理人员任职资格审查的行政许可事项，改为参加从业资格考试合格后即可上岗。五是村镇银行、信用合作组织、专营贷款业务的全资子公司，可根据本地产业结构或信贷管理的实际需要，在同等条件下，适量选聘具有农业技术专长的人员作为其董（理）事、高级管理人员，或从事信贷管理工作。

（六）调整新设法人机构或分支机构的审批权限。上述准入政策调整范围内的银行业法人机构设立，分为筹建和开业两个阶段。其筹建申请，由银监分局受理，银监局审查并决定；开业申请，由银监分局受理、审查并决定。在省会城市所辖农村地区设立银行业法人机构的，由银监局受理、审查并决定。

对上述法人机构在县（市）、乡（镇）和行政村设立的分支机构，取消其筹建行政许可事项，其筹建方案应事前报当地监管机构备案（设监管办事处的，报监管办事处备案）。其开业申请，由银监分局受理、审查并决定；未设银监分局的，由银监局受理、审查并决定。

上述法人机构及其分支机构的金融许可证，由决定机关颁发。

（七）实行简洁、灵活的公司治理。农村地区新设的各类银行业金融机构，应针对其机构规模小、业务简单的特点，按照因地制宜、运行科学、治理有效的原则，建立并完善公司治理，在强化决策过程的控制与管理、缩短决策链条、提高决策经营效率的同时，要加强对高级管理层履职行为的约束，防止权力的失控。一是新设立或重组的村镇银行，可只设董事会，并由董事会行使对高级管理层的监督职能。董事会可不设或少设专门委员会，并可视需要设立相应的专门管理小组或岗位，规模微小的村镇银行，其董事长可兼任行长。二是信用合作组织可不设理事会，由其社员大会直接选举产生经营管理层，但应设立由利益相关者组成的监事会。三是专营贷款业务的全资子公司，其经营管理层可由投资人直接委派，并实施监督。

农村地区新设银行业金融机构，要科学设置业务流程和管理流程，精简设置职能部门，提高效率，降低成本，实现高效、安全、稳健运作。

村镇银行、信用合作组织以及专营贷款业务的全资子公司的管理办法另行制定。

外资金融机构除执行《中华人民共和国外资银行管理条例》（中华人民共和国国务院令第 478 号）和《境外金融机构投资入股中资金融机构管理办法》（中国银

行业监督管理委员会令2003年第6号）等法律、法规外，在农村地区的其他准入政策适用本意见。

三、主要监管措施

（一）坚持"低门槛、严监管"的原则，实施审慎监管。要强化对农村地区新设银行业法人机构资本充足率、资产损失准备充足率、不良资产率及单一集团客户授信集中度的持续、动态监管。农村地区新设银行业法人机构必须执行审慎、规范的资产分类制度，在任何时点，其资本充足率不得低于8%，资产损失准备充足率不得低于100%，内部控制、贷款集中、资产流动性等应严格满足审慎监管要求。村镇银行不得为股东及其关联方提供贷款。

（二）根据农村地区新设银行业法人机构的资本充足状况及资产质量状况，适时采取差别监管措施。一是对资本充足率大于8%、不良资产率在5%以下的，监管机构可适当减少对其现场检查的频率或范围，支持其稳健发展。二是对资本充足率低于8%、大于4%的，要督促其限期提高资本充足率，并加大非现场监管及现场检查的力度，适时采取限制资产增长速度、固定资产购置、分配红利和其他收入、增设分支机构、开办新业务以及要求其降低风险资产规模等措施，督促其限期进行整改。三是对限期达不到整改要求、资本充足率下降至4%、不良资产率高于15%的，可适时采取责令其调整高级管理人员、停办所有业务、限期重组等措施。四是在限期内仍不能有效实现减负重组、资本充足率降至2%以下的，应适时接管、撤销或破产。

对专营贷款业务的全资子公司，应主要实施合规监管，并与其母公司实施并表监管。

（三）引导和监督新设银行业法人机构的资金投向。原则上，信用合作组织应将其资金全部用于社员，确有资金富余的，可存放在其他银行业金融机构或购买政府债券、金融债券。对新设立的信用合作组织，只要其管理规范，诚实守信，运行良好，其他银行业金融机构可根据其实际需要予以融资支持。鼓励农村地区其他新设银行业金融机构在兼顾当地普惠性和商业可持续性的前提下，将其在当地吸收的资金尽可能多地用于当地。对确已满足当地农村资金需求的，其富余资金可用于购买中国农业发展银行发行的金融债券，或通过其他合法渠道向"三农"融资。

（四）建立农村地区银行业金融机构支农服务质量评价考核体系。一是农村地区银行业金融机构应制定满足区域内农民、农村经济对金融服务需求的信贷政策，并结合当地经济、社会发展的实际情况，制定明确的服务目标，保证其贷款业务辐射一定的地域和人群。二是银行业金融机构应根据在农村地区开展贷款业务的特点，积极开展制度创新，构建正向激励约束机制，建立符合"三农"实际的贷款管理制度，培育与社会主义新农村建设相适应的信贷文化。三是监管机构应建立对农村地区银行业金融机构的支农服务质量考核体系，并将考核结果作为对该机构综合评价、行政许可以及高级管理人员履职评价的重要内容，促进农村地区银行业金融机构安全稳健经营，满足农村地区的有效金融需求。

✍ 思考题

1. 简述村镇银行的性质。
2. 村镇银行发起人应符合哪些条件？
3. 什么是农村资金互助社？
4. 什么是贷款公司？贷款公司主要有哪些特征？

保险是现代经济的重要产业和风险管理的基本手段。自改革开放以来，我国保险业快速发展，服务领域不断拓宽，为促进经济社会发展和保障人民群众生产生活作出了重要贡献。《国务院关于加快发展现代保险服务业的若干意见》（国发〔2014〕29 号）中提出积极发展农业保险、农村小额信贷保险、农房保险、农机保险、农业基础设施保险、森林保险，以及农民养老健康保险、农村小额人身保险等普惠保险业务，拓展"三农"保险的广度和深度。

自 2007 年以来的 10 多年时间，在中国农业保险市场上，唱主角的经营主体——商业性保险公司由 6 家扩张到 31 家，这不仅是数量的扩张，更是一个质的变化。这表明越来越多的财产保险公司对农业保险的认识得到了升华，也表明农业保险市场已经形成并有所扩大。

第一节　风险与保险概述

一、风险概述

（一）概念内涵

风险是保险的基础。一般而言，风险与不确定性有关，若某一事件的发生存在着两种或两种以上的可能性，即可认为该事件存在风险。在保险领域，风险特指和损失有关的不确定性，包括发生与否的不确定、发生时间的不确定和导致结果的不确定。当谈到一种选择比另一种选择具有更大的风险时，通常有三种解释：（1）不利结果发生的可能性或者概率。（2）风险发生时，损失的数量和规模。（3）潜在损失的期望值。

风险的构成要素包括风险因素、风险事故和损失。

风险因素指那些会影响某一特定风险事故的发生，或发生的可能性，或损失程度的原因或条件。例如，对于建筑物而言，风险因素是指其所使用的建筑材料的质量、建筑结构的稳定性等；对于人而言，则是指健康状况和年龄等。根据风险因素的性质不同，分为有形风险因素和无形风险因素两种类型：有形风险因素也称实质风险因素，是指某一标的本身所具有的足以引起风险事故发生或增加损失机会或加重损失程度的因素；无形风险因素是与人的心理或行为有关的风险因素，包括道德风险因素和心理风险因素。

风险事故指造成人身伤害或财产损失的偶发事件，是导致损失的直接的或外在的原因。在事故发生之前，风险只是一种不确定的状态，风险事故的发生最终导致损失。

在保险实务中，常将损失分为直接损失和间接损失。由风险事故导致的财产本身损失和人身伤害称为直接损失；由直接损失引起的其他损失称为间接损失，包括额外费用损失、收入损失和责任损失等，有时间接损失可能超过直接损失。此外，风险本身使人们对其后果充满忧虑和恐惧，造成巨大的社会心理负担和精神痛苦。

（二）风险的类型

1. 依据风险产生的原因不同，可分为自然风险、社会风险、政治风险、经济风险与技术风险。

自然风险是由于自然现象、物理现象和其他物质现象所形成的风险。如地震、水灾、火灾、风灾、雹灾、冻灾、旱灾、虫灾以及各种瘟疫等。在各类风险中，自然风险是保险人承保最多的风险。自然风险的成因不可控，但有一定的规律和周期，发生后的影响范围较广。

社会风险是指由于个人或团体的行为（包括过失行为、不当行为及故意行为）或不行为使社会生产及人们生活遭受损失的风险。如盗窃、抢劫、玩忽职守及故意破坏等行为将可能对他人财产造成损失或对他人人身造成伤害。

政治风险又称为国家风险，是指在对外投资和贸易过程中，因政治原因或订约双方所不能控制的原因，使债权人可能遭受损失的风险。如因进口国发生战争、内乱而中止货物进口；因进口国实施进口或外汇管制，对输入货物加以限制或禁止输入；因本国变更外贸法令，使出口货物无法送达进口国，造成合同无法履行等。

经济风险是指在生产和销售等经营活动中由于受各种市场供求关系、经济贸易条件等因素变化的影响或经营者决策失误，对前景预期出现偏差等导致经营失败的风险。比如企业生产规模的增减、价格的涨落和经营的盈亏等。

技术风险是指伴随着科学技术的发展、生产方式的改变而产生的威胁人们生产与生活的风险。如核辐射、空气污染和噪声等。

2. 根据风险标的不同，可分为财产风险、人身风险、责任风险与信用风险。

财产风险是指一切导致有形财产的损毁、灭失或贬值的风险以及经济的或金钱上损失的风险。厂房、机器设备、原材料、成品、家具等会遭受火灾、地震、爆炸等风险；船舶在航行中，可能遭受沉没、碰撞、搁浅等风险。

人身风险是指导致人的伤残、死亡、丧失劳动能力以及增加医疗费用支出的风险。如人会因生、老、病、死等生理规律和自然、政治、军事、社会等原因而早逝、伤残、工作能力丧失或年老无依靠等。

责任风险是指由于个人或团体的疏忽或过失行为，造成他人财产损失或人身伤亡，依照法律、契约或道义应承担的民事法律责任的风险。日常生活中所说的"责任"包括刑事责任、民事责任和行政责任，但保险人所承保的责任风险仅限于民事损害赔偿责任。

信用风险是指在经济交往中，权利人与义务人之间，由于一方违约或违法致使对方遭受经济损失的风险。如进出口贸易中，出口方（或进口方）会因进口方（或出口方）不履约而遭受经济损失。

（三）风险的特征

1. 风险的不确定性。不能确定是否会发生（就个体风险而言，其是否发生是偶然的，是一种随机现象，具有不确定性），不能确定发生时间，不能确定事故的后果（损失程度的不确定性）。风险的这种总体上的必然性与个体上的偶然性的统一，构成了风险的不确定性。

2. 风险的客观性。风险不以人的意志为转移，是独立于人的意识之外的客观存在。例如，自然界的地震、台风、洪水，社会领域的战争、瘟疫、冲突、意外事故等，都是不以人的意志为转移的客观存在。因此，人们只能在一定的时间和空间内改变风险存在和发生的条件，降低风险发生的频率和损失程度，但风险是不可能彻底消除的。

3. 风险的普遍性。在当今社会，风险渗入到社会、企业、个人生活的方方面面，个人面临着生、老、病、死、意外伤害等风险；企业面临着自然风险、市场风险、技术风险、政治风险等；甚至国家和政府机关也面临着各种风险。

4. 风险的可测定性。个别风险的发生是偶然的，不可预知的，但通过对大量风险事故的观察发现，风险往往呈现出明显的规律性。运用统计方法去处理大量相互独立的偶发风险事故，可比较准确地反映风险的规律性。根据以往大量资料，利用概率论和数理统计的方法可测算风险事故发生的概率及其损失程度，并且可构造出损失分布的模型，成为风险估测的基础。

（四）风险管理

风险的客观存在促使人类不断探索应对风险的方法，20 世纪 30 年代后产生了现代风险管理活动。1952 年，美国学者格拉尔（Russell B. Gallagher）在其调查报告《费用控制的新时期——风险管理》中，首次使用"风险管理"一词。由此，风险管理的概念开始广为传播。

风险管理是社会组织或者个人用于降低风险的消极结果的决策过程，在风险识别、风险估测、风险评价之后，选择与优化组合各种风险管理技术，对风险实施有效控制并处理风险所致损失，以最小的成本获得最大的安全保障。风险管理的对象是风险，过程包括风险识别、风险估测、风险评价、选择风险管理技术和评估风险管理效果，目标是以最小的成本获得最大的安全保障。

风险管理的方法即风险管理技术，可分为控制型和财务型两大类。控制型风险管理技术的实质是在风险分析的基础上，针对企业所存在的风险因素采取控制技术以降低风险事故发生的频率和减轻损失程度，重点在于改变引起自然灾害、意外事故和扩大损失的各种条件。主要表现为：在事故发生前，降低事故发生的频率；在事故发生时，将损失降低到最低限度。财务型风险管理技术是以提供基金的方式，通过事故发生前的财务安排，来缓解事故发生后给人们造成的经济困难和精神忧虑，为恢复企业生产，维持家庭正常生活等提供财务支持。

二、保险概述

中国是最早发明风险分散这项保险基本原理的国家。在公元前三四千年，中国商人就将风险分散原理运用在货物运输中，历史悠久的各种仓储制度是我国古代原始保险的一个重要标志。镖局就是我国特有的一种货物运输保险的原始形式，镖局是一种类似保险的民间安全保卫组织，其经营的业务之一是承运货物。商人交镖局承运货物，俗称"镖码"（相当于保险标的）。货物须经镖局检验，按贵贱品质分级，根据不同等级确定"镖力"（相当于保险费率），据此收费签发"镖单"（相当于保险单）。货到目的地，收货人按镖单验收后，在镖单上签注日期，加盖印章，交护送人带回，以完成手续。镖局的这些手续与现代保险的承保手续大致相同。

（一）概念内涵

根据《中华人民共和国保险法》第二条规定，保险是指投保人根据合同约定，向保险人支付保险费，保险人对于合同约定的可能发生的事故因其发生所造成的财产损失承担赔偿保险金责任，或者当被保险人死亡、伤残、疾病或者达到合同约定的年龄、期限等条件时承担给付保险金责任的商业保险行为。

社会保险是指在既定社会政策的指导下，由国家通过立法手段对公民强制征收保险费，形成社会保险基金，用来对其中因年老、疾病、生育、伤残、死亡和失业而导致丧失劳动能力或失去工作机会的成员提供基本生活保障的一种社会保障制度，其主要包括养老保险、医疗保险、失业保险、工伤保险和生育保险。

从风险管理角度看，保险是一种风险管理的方法，或是一种风险转移的机制。这种风险转移机制不仅体现在将风险转移给保险公司，而且表现为通过保险，将众多的单位和个人结合起来，将个体对付风险变为大家共同对付风险，能起到分散风险、补偿损失的作用。

从经济角度看，保险是分摊意外事故损失和提供经济保障的一种非常有效的财务安排。通过缴纳保险费购买保险，将不确定的大额损失转变为确定性的小额支出（保费），或者将未来大额的或持续的支出转变成目前固定的或一次性的支出（保费），从而有利于提高投保人的资金效益。人寿保险中，保险作为一种财务安排的特性表现得尤为明显，因为人寿保险还具有储蓄和投资的作用，具有理财的特征。从这个意义而言，保险公司属于金融机构，保险业是金融业的重要组成部分。

（二）保险的特征

1. 互助性。保险具有"一人为众，众为一人"的互助特性。保险在一定条件下分担了单位和个人所不能承担的风险，从而形成了一种经济互助关系。这种经济互助关系通过保险人用多数投保人缴纳的保险费建立的保险基金对少数遭受损失的被保险人提供补偿或给付而得以体现。

2. 法律性。从法律角度看，保险又是一种合同行为，是一方同意补偿另一方损失的一种合同安排，同意提供损失赔偿的一方是保险人，接受损失赔偿的一方是投保人或被保险人。

3. 经济性。保险是通过保险补偿或给付而实现的一种经济保障活动。其保障对象财产和人身都直接或间接属于社会再生产中的生产资料和劳动力两大经济要素；其实现保障的手段，大多都必须采取支付货币的形式进行补偿或给付；其保障的根本目的，无论从宏观角度，还是从微观角度，都是与社会经济发展相关的。

4. 商品性。保险体现了一种对价交换的经济关系，即商品经济关系。这种商品经济关系直接表现为个别保险人与个别投保人之间的交换关系；间接表现为在一定时期内全部保险人与全部投保人之间的交换关系，即保险人销售保险产品，投保人购买保险产品的关系；具体表现为保险人通过提供保险的补偿或给付，保障社会生产的正常进行和人们生活的安定。

5. 科学性。保险是处理风险的科学有效措施。现代保险经营以概率论和大数法则等科学的数理理论为基础，保险费率的厘定、保险准备金的提存等都是以科学的数理计算为依据的。

（三）保险的分类

1. 按照实施方式，可分为强制保险和自愿保险。

强制保险（又称法定保险）是由国家（政府）通过法律或行政手段强制实施的一种保险。强制保险的保险关系虽然也是产生于投保人与保险人之间的合同行为，但是，合同的订立受制于国家或政府的法律规定。强制保险的实施方式有两种：一是保险标的与保险人均由法律限定；二是保险标的由法律限定，但投保人可以自由选择保险人，如机动车交通事故责任强制保险。

自愿保险是在自愿原则下，投保人与保险人双方在平等的基础上，通过订立保险合同而建立的保险关系。自愿保险的保险关系，是当事人之间自由决定、彼此合意后所建立的合同关系。投保人可以自由决定是否投保、向谁投保、中途退保等，也可以自由选择保险金额、保障范围、保障程度和保险期限等；保险人也可以根据情况自愿决定是否承保、怎样承保等。

2. 按照保险标的，可分为财产保险、人身保险、责任保险、信用保证保险。

财产保险是以财产及其有关利益为保险标的的保险。包括财产损失保险、责任保险、信用保险等保险业务。

人身保险是以人的寿命和身体为保险标的的保险。包括人寿保险、健康保险、意外伤害保险等保险业务。

责任保险是以被保险人可能的民事损害赔偿责任为保险标的的一种保险。无论法人还是自然人，在进行业务活动或日常生活中，都有可能因疏忽、过失等行为而导致他人遭受损害，这对行为人而言构成责任风险。

信用保证保险是以信用风险为标的的保险，保险人对信用关系的一方因对方未履行义务或因盗窃、诈骗等不法行为而遭受的损失负有经济赔偿责任。信用关系的权利方和义务方均可以投保，权利方作为投保人要求保险公司担保义务履行，成为信用保险；义务方作为投保人要求保险人为其信用提供担保，称为保证保险。

3. 按承保方式，可分为原保险、再保险、共同保险、重复保险。

原保险是保险人与投保人之间直接签订保险合同而建立保险关系的一种保险。在原保险关系中，保险需求者将其风险转嫁给保险人，当保险标的遭受保险责任范围内的损失时，保险人直接对被保险人承担赔偿或给付责任。

再保险是保险人将其所承保的风险和责任的一部分或全部转移给其他保险人的一种保险。分出业务的是再保险分出人，接受分保业务的是再保险接受人。这种风险转嫁方式是保险人对原始风险的纵向转嫁，即第二次风险转嫁。

共同保险是由几个保险人联合直接承保同一保险标的、同一风险、同一保险利益的保险。共同保险的各保险人承保金额的总和不超过保险标的的保险价值。在保险实务中，可能是多个保险人分别与投保人签订保险合同，也可能是多个保险人以某一保险人的名义签发一份保险合同。与再保险不同，这种风险转嫁方式是保险人对原始风险的横向转嫁，它仍属于风险的第一次转嫁。

重复保险是指投保人以同一保险标的、同一保险利益、同一保险事故分别与两个或两个以上保险人订立保险合同，且保险金额总和超过保险价值的保险。与共同保险相同，重复保险也是投保人对原始风险的横向转嫁，也属于风险的第一次转嫁。

（四）保险的功能

1. 保险保障功能。保障功能是保险业的立业之基，最能体现保险业的特色和核心竞争力。保险保障功能具体表现为财产保险的补偿功能和人身保险的给付功能。通过补偿使得已经存在的社会财富因灾害事故所致的实际损失在价值上得到了补偿，在使用价值上得以恢复，从而使社会再生产过程得以连续进行。保险的这种补偿既包括对被保险人因自然灾害或意外事故造成的经济损失的补偿，也包括对被保险人依法应对第三者承担的经济赔偿责任的经济补偿，还包括对商业信用中违约行为造成的经济损失的补偿。人身保险与财产保险是性质完全不同的两种保险。由于人的生命价值不能用货币来计价，所以，人身保险的保险金额是由投保人根据被保险人对人身保险的需要程度和投保人的缴费能力，在法律允许的范围与条件下，与保险人双方协商约定后确定的。因此，在保险合同约定的保险事故发生或者约定的年龄到达或者约定的期限届满时，保险人按照约定进行保险金的给付。

2. 资金融通功能。资金融通功能是指保险公司将保险资金中的闲置部分重新投入到社会再生产过程中所发挥的金融中介作用。保险人为了使保险经营稳定，必须保证保险资金的保值与增值，这也要求保险人对保险资金进行运用。保险资金的运用不仅有其必要性，而且也具有可能性。一方面，由于保险保费收入与赔付支出之间存在时间滞差，为保险人进行保险资金的融通提供了可能；另一方面，保险事故的发生也不都是同时的，保险人收取的保险费不可能一次性全部赔偿出去，即保险人收取的保险费与赔付支出之间有时也存在着数量滞差，这为保险人进行保险资金的融通提供了可能。

3. 社会管理功能。一般而言，社会管理是指对整个社会及其各个环节进行调节和控制的过程，目的在于正常发挥各系统、各部门、各环节的功能，从而实现社会关系和谐、整个社会良性运行和有效管理。保险的社会管理功能不同于国家对社会的直接管理，而是通过保险内在的特性，促进经济社会的协调以及社会各领域的正常运转和有序发展。保险的社会管理功能是在保险业逐步发展成熟并在社会发展中的地位不断提高和增强之后衍生出来的一项功能。

保险保障功能是保险最基本的功能，是保险区别于其他行业的最根本的特征。资金融通功能是在经济补偿功能基础上发展起来的，是保险金融属性的具体体现，也是实现社会管理功能的重要手段。正是由于具有资金融通功能，才使保险业成为国际资本市场的重要资产管理者，特别是通过管理养老基金，使保险成为了社会保障体系的重要力量。现代保险的社会管理功能是保险业发展到一定程度并深入到社会生活的诸多层面之后产生的一项重要功能。社会管理功能的发挥，在许多方面都离不开经济补偿和资金融通功能的实现。同时，随着保险的社会管理功能逐步得到发挥，将为经济补偿和资金融通功能的发挥提供更加广阔的空间。

第二节　我国农业保险

农业保险是防范农业风险、开展灾害补偿、促进农业稳定发展的有效途径。农业是典型的风险产业，农业风险是指人们在从事农业生产和经营活动中遭受损失的不确定性。农业风险单位大、发生频率较高、损失规模大，而且还具有广泛的伴生性。农业风险来源复杂多样，主要有自然风险、市场风险、技术风险和政策风险等，但农业保险保障的风险目前主要是自然灾害风险，并逐渐延伸到与农产品价格相关的市场风险。

自然风险是农业中最为典型和具有普遍意义的风险。自然风险按其表现形式具体可分为自然灾害风险、自然资源风险和自然环境风险三类。其中，自然灾害风险主要是指自然灾害给农业生产带来的损失，自然灾害一方面会影响产品产量，另一方面还会影响产品质量，两方面都会增加农业的风险，造成农户效益不稳定。我国主要的自然灾害包括水灾、旱灾、台风、冰雹、沙尘暴等气象灾害；风暴潮、海啸等海洋灾害；蝗虫等生物灾害等。在我国各种自然灾害中，水灾和旱灾尤为突出。

一、农业保险的概念与特点

农业保险是保险人为农业生产者在从事农业生产过程中所遭受的经济损失提供保障的一种保险。《农业保险条例》第二条规定："本条例所称农业保险，是指保险机构根据农业保险合同，对被保险人在种植业、林业、畜牧业和渔业生产中因保险标的遭受约定的自然灾害、意外事故、疫病、疾病等保险事故所造成的财产损失，承担赔偿保险金责任的保险活动。"

由于农业生产在很大程度上受到自然因素的影响，与其他财产相比，农业保险具有地域性、季节性、连续性和政策性等主要特点。

地域性。各种有生命的动植物的生长和发育都要具备严格的自然条件，然而由于各地区的地形、气候、土壤等自然条件不同，再加上社会经济、生产条件、技术水平的不同，形成了动植物地域性的不同，从而决定了农业保险只能根据各地区的实际情况确定承保条件，而不应该强求全国统一。

季节性。由于动植物生长受自然因素制约，具有明显的季节性，这就要求农业保险在整个业务操作过程中，必须对动植物的生物学特性和自然生态环境有正确的认识，掌握农业保险各种保险标的的特点。

连续性。动植物在生长过程中，是紧密相连不能中断的，并且是互相影响和互相制约的，因而，农业保险具有连续性。因此，农业保险的经营者要考虑动植物生长的连续性，要有全面和长期的观点，使农业保险业务稳步发展。

政策性。由于农业保险具有上述特点，加之农村经济发展水平的不平衡，被保险人缴费能力普遍有限。为了保障农业生产的稳定，促进农村经济发展，许多国家都把农业保险作为政策性保险业务。

延伸阅读4-1　《农业保险条例》

（2012年10月24日国务院第222次常务会议通过，并自2013年3月1日起施行。根据2016年2月6日国务院令第666号《国务院关于修改部分行政法规的决定》修正）

第一章　总则

第一条　为了规范农业保险活动，保护农业保险活动当事人的合法权益，提高农业生产抗风险能力，促进农业保险事业健康发展，根据《中华人民共和国保险法》《中华人民共和国农业法》等法律，制定本条例。

第二条　本条例所称农业保险，是指保险机构根据农业保险合同，对被保险人在种植业、林业、畜牧业和渔业生产中因保险标的遭受约定的自然灾害、意外事故、疫病、疾病等保险事故所造成的财产损失，承担赔偿保险金责任的保险活动。

本条例所称保险机构，是指保险公司以及依法设立的农业互助保险等保险组织。

第三条　国家支持发展多种形式的农业保险，健全政策性农业保险制度。

农业保险实行政府引导、市场运作、自主自愿和协同推进的原则。

省、自治区、直辖市人民政府可以确定适合本地区实际的农业保险经营模式。

任何单位和个人不得利用行政权力、职务或者职业便利以及其他方式强迫、限制农民或者农业生产经营组织参加农业保险。

第四条　国务院保险监督管理机构对农业保险业务实施监督管理。国务院财政、农业、林业、发展改革、税务、民政等有关部门按照各自的职责，负责农业保险推进、管理的相关工作。

财政、保险监督管理、国土资源、农业、林业、气象等有关部门、机构应当建立农业保险相关信息的共享机制。

第五条 县级以上地方人民政府统一领导、组织、协调本行政区域的农业保险工作，建立健全推进农业保险发展的工作机制。县级以上地方人民政府有关部门按照本级人民政府规定的职责，负责本行政区域农业保险推进、管理的相关工作。

第六条 国务院有关部门、机构和地方各级人民政府及其有关部门应当采取多种形式，加强对农业保险的宣传，提高农民和农业生产经营组织的保险意识，组织引导农民和农业生产经营组织积极参加农业保险。

第七条 农民或者农业生产经营组织投保的农业保险标的属于财政给予保险费补贴范围的，由财政部门按照规定给予保险费补贴，具体办法由国务院财政部门商国务院农业、林业主管部门和保险监督管理机构制定。

国家鼓励地方人民政府采取由地方财政给予保险费补贴等措施，支持发展农业保险。

第八条 国家建立财政支持的农业保险大灾风险分散机制，具体办法由国务院财政部门会同国务院有关部门制定。

国家鼓励地方人民政府建立地方财政支持的农业保险大灾风险分散机制。

第九条 保险机构经营农业保险业务依法享受税收优惠。

国家支持保险机构建立适应农业保险业务发展需要的基层服务体系。

国家鼓励金融机构对投保农业保险的农民和农业生产经营组织加大信贷支持力度。

第二章 农业保险合同

第十条 农业保险可以由农民、农业生产经营组织自行投保，也可以由农业生产经营组织、村民委员会等单位组织农民投保。

由农业生产经营组织、村民委员会等单位组织农民投保的，保险机构应当在订立农业保险合同时，制定投保清单，详细列明被保险人的投保信息，并由被保险人签字确认。保险机构应当将承保情况予以公示。

第十一条 在农业保险合同有效期内，合同当事人不得因保险标的的危险程度发生变化增加保险费或者解除农业保险合同。

第十二条 保险机构接到发生保险事故的通知后，应当及时进行现场查勘，会同被保险人核定保险标的的受损情况。由农业生产经营组织、村民委员会等单位组织农民投保的，保险机构应当将查勘定损结果予以公示。

保险机构按照农业保险合同约定，可以采取抽样方式或者其他方式核定保险标的的损失程度。采用抽样方式核定损失程度的，应当符合有关部门规定的抽样技术规范。

第十三条 法律、行政法规对受损的农业保险标的的处理有规定的，理赔时应当取得受损保险标的已依法处理的证据或者证明材料。

　　保险机构不得主张对受损的保险标的残余价值的权利，农业保险合同另有约定的除外。

　　第十四条　保险机构应当在与被保险人达成赔偿协议后10日内，将应赔偿的保险金支付给被保险人。农业保险合同对赔偿保险金的期限有约定的，保险机构应当按照约定履行赔偿保险金义务。

　　第十五条　保险机构应当按照农业保险合同约定，根据核定的保险标的的损失程度足额支付应赔偿的保险金。

　　任何单位和个人不得非法干预保险机构履行赔偿保险金的义务，不得限制被保险人取得保险金的权利。

　　农业生产经营组织、村民委员会等单位组织农民投保的，理赔清单应当由被保险人签字确认，保险机构应当将理赔结果予以公示。

　　第十六条　本条例对农业保险合同未作规定的，参照适用《中华人民共和国保险法》中保险合同的有关规定。

　　第三章　经营规则

　　第十七条　保险机构经营农业保险业务，应当符合下列条件：

　　（一）有完善的基层服务网络；（二）有专门的农业保险经营部门并配备相应的专业人员；（三）有完善的农业保险内控制度；（四）有稳健的农业再保险和大灾风险安排以及风险应对预案；（五）偿付能力符合国务院保险监督管理机构的规定；（六）国务院保险监督管理机构规定的其他条件。

　　除保险机构外，任何单位和个人不得经营农业保险业务。

　　第十八条　保险机构经营农业保险业务，实行自主经营、自负盈亏。

　　保险机构经营农业保险业务，应当与其他保险业务分开管理，单独核算损益。

　　第十九条　保险机构应当公平、合理地拟订农业保险条款和保险费率。属于财政给予保险费补贴的险种的保险条款和保险费率，保险机构应当在充分听取省、自治区、直辖市人民政府财政、农业、林业部门和农民代表意见的基础上拟订。

　　农业保险条款和保险费率应当依法报保险监督管理机构审批或者备案。

　　第二十条　保险机构经营农业保险业务的准备金评估和偿付能力报告的编制，应当符合国务院保险监督管理机构的规定。

　　农业保险业务的财务管理和会计核算需要采取特殊原则和方法的，由国务院财政部门制定具体办法。

　　第二十一条　保险机构可以委托基层农业技术推广等机构协助办理农业保险业务。保险机构应当与被委托协助办理农业保险业务的机构签订书面合同，明确双方权利义务，约定费用支付，并对协助办理农业保险业务的机构进行业务指导。

　　第二十二条　保险机构应当按照国务院保险监督管理机构的规定妥善保存农业保险查勘定损的原始资料。

　　禁止任何单位和个人涂改、伪造、隐匿或者违反规定销毁查勘定损的原始资料。

第二十三条 保险费补贴的取得和使用,应当遵守依照本条例第七条制定的具体办法的规定。

禁止以下列方式或者其他任何方式骗取农业保险的保险费补贴:

(一)虚构或者虚增保险标的或者以同一保险标的进行多次投保;

(二)以虚假理赔、虚列费用、虚假退保或者截留、挪用保险金、挪用经营费用等方式冲销投保人应缴的保险费或者财政给予的保险费补贴。

第二十四条 禁止任何单位和个人挪用、截留、侵占保险机构应当赔偿被保险人的保险金。

第二十五条 本条例对农业保险经营规则未作规定的,适用《中华人民共和国保险法》中保险经营规则及监督管理的有关规定。

第四章 法律责任

第二十六条 保险机构不符合本条例第十七条第一款规定条件经营农业保险业务的,由保险监督管理机构责令限期改正,停止接受新业务;逾期不改正或者造成严重后果的,处10万元以上50万元以下的罚款,可以责令停业整顿或者吊销经营保险业务许可证。

保险机构以外的其他组织或者个人非法经营农业保险业务的,由保险监督管理机构予以取缔,没收违法所得,并处违法所得1倍以上5倍以下的罚款;没有违法所得或者违法所得不足20万元的,处20万元以上100万元以下的罚款。

第二十七条 保险机构经营农业保险业务,有下列行为之一的,由保险监督管理机构责令改正,处10万元以上50万元以下的罚款;情节严重的,可以限制其业务范围、责令停止接受新业务:

(一)编制或者提供虚假的报告、报表、文件、资料;

(二)拒绝或者妨碍依法监督检查;

(三)未按照规定使用经批准或者备案的农业保险条款、保险费率。

第二十八条 保险机构经营农业保险业务,违反本条例规定,有下列行为之一的,由保险监督管理机构责令改正,处5万元以上30万元以下的罚款;情节严重的,可以限制其业务范围、责令停止接受新业务:

(一)未按照规定将农业保险业务与其他保险业务分开管理,单独核算损益;

(二)利用开展农业保险业务为其他机构或者个人牟取不正当利益;

(三)未按照规定申请批准农业保险条款、保险费率。

保险机构经营农业保险业务,未按照规定报送农业保险条款、保险费率备案的,由保险监督管理机构责令限期改正;逾期不改正的,处1万元以上10万元以下的罚款。

第二十九条 保险机构违反本条例规定,保险监督管理机构除依照本条例的规定给予处罚外,对其直接负责的主管人员和其他直接责任人员给予警告,并处1万元以上10万元以下的罚款;情节严重的,对取得任职资格或者从业资格的人员撤销其相应资格。

第三十条　违反本条例第二十三条规定，骗取保险费补贴的，由财政部门依照《财政违法行为处罚处分条例》的有关规定予以处理；构成犯罪的，依法追究刑事责任。

违反本条例第二十四条规定，挪用、截留、侵占保险金的，由有关部门依法处理；构成犯罪的，依法追究刑事责任。

第三十一条　保险机构违反本条例规定的法律责任，本条例未作规定的，适用《中华人民共和国保险法》的有关规定。

第五章　附则

第三十二条　保险机构经营有政策支持的涉农保险，参照适用本条例有关规定。

涉农保险是指农业保险以外、为农民在农业生产生活中提供保险保障的保险，包括农房、农机具、渔船等财产保险，涉及农民的生命和身体等方面的短期意外伤害保险。

第三十三条　本条例自2013年3月1日起施行。

二、农业保险金额的确定

农业保险金额的确定不同于一般的财产保险，标的物在投保时和出险时其价值确定都有困难。投保之初，标的物处于生长初期，其价值无法最后确定；保险事故发生时，保险标的可能仍未进入成熟期，价值也无法准确确定。因此，农业保险金额通常采用正常收获量法或生产成本法确定。

正常收获量法是指保险金额的确定以投保标的未受灾害的正常年度的平均收获量作为确定保险金额的标准，通常选择投保年度以前若干年度去掉最高、最低收获年份产量的算术平均值。

生产成本法是以生产成本确定保险金额的方法，各地区按照本地区同类标的物生产的平均化肥、种子和人力成本投入作为保险金额确定的标准。

三、农业保险险种

农业保险按照不同的类别划分为不同的险种。比如，按照农业种类分为种植业保险和养殖业保险；按危险性质分为自然灾害损失保险、病虫害损失保险、疾病死亡保险和意外事故损失保险；按保险责任范围不同，可分为基本责任险、综合责任险和一切险。我国目前开办的主要农业保险覆盖水稻、小麦、油菜、棉花、蔬菜、水果、西瓜、烤烟、林木、奶牛、耕牛、山羊、生猪、鸡、鸭、鹿、淡水养殖、蚌珍珠等。

自2014年开始，我国"中央一号文件"中提出鼓励试点农产品目标价格保险。农业保险中的价格保险或者收入保险是指农户将其种植或养殖的农产品价格风险或者价格与产量打包的收入风险向保险公司转移。农产品价格风险从分散的个体农户手中向保险公司集中转移，承保农业保险的保险公司因此面临农产品价格下跌所可能产生的系统性赔付风险，这要求保险公司在承保农产品价格风险或收入风险时能够对农产品未来价格变动进行精准预期。

（一）种植业保险

种植业生产是人类生活资料的基本来源，种植业包括农作物栽培和林果生产两部分，主要生产粮食、油料、糖料、蔬菜以及木材和果品等。种植业深受大自然中气象灾害的影响，以及病虫害和火灾等意外事故的威胁。种植业保险一般包括农作物保险和林木保险两大类。

1. 农作物保险。农作物是指人工栽培的植物，包括粮食作物、经济作物、绿肥和饲料作物等。按上述农作物的不同生长阶段，农作物保险又可具体分为生长期农作物保险和收获期农作物保险。生长期农作物保险是以发苗至收获前处在生长过程中的农作物为保险标的的保险。目前，我国开办的生长期农作物保险有：小麦种植保险、水稻种植保险、玉米种植保险、棉花种植保险、烟叶种植保险、甘蔗种植保险等。收获期农作物保险是承保农作物收获后在进行晾晒、轧打、脱粒和烘烤加工过程中，因遭受水灾、洪水、暴风雨等灾害而造成农作物产品损失的一种保险，如麦场夏粮火灾保险、烤烟水灾保险等。

延伸阅读4－2 安华农业保险公司水稻种植成本保险产品介绍

本产品属于政策性保险，政府保费补贴高，农户自缴保费少，保障范围广。

投保作物：符合种植条件的水稻作物。

保障期限：从苗期开始到收获。

产品特点：保费低，政府补贴高。每亩保费仅需17.5～32元，您仅需缴纳3.5～6.4元；保障范围广，基本涵盖各种灾害；保障水稻作物种植成本，不保作物产量和收益；赔付标准清晰，赔付流程专业，赔付结果公开。

保障计划：保障项目为水稻作物种植成本，保障金额226.7～500元/亩，保障范围为暴雨、洪水（政府行蓄洪除外）、内涝、风灾、雹灾、冻灾、旱灾、地震；泥石流、山体滑坡；病虫草鼠害。

购买须知：本产品被保险人可以为集体经营的农垦企业（农场）、家庭农场、龙头企业、经济合作组织等。本产品被保险人也可以为以村、个体分户经营的农垦企业（农场）、龙头企业、经济合作组织等。有任何问题请拨打24小时服务专线95540。了解详细信息，可点击查看本产品的保险条款：《北京市水稻种植保险条款》《吉林省农作物种植成本保险条款》《辽宁省粮油作物种植成本保险》。

理赔流程：拨打95540报案—查勘—定损—理赔公示—提交资料并审核—赔款支付。

常见问题：

1. 该产品的保额是否可以调整？

水稻作物种植保险为政策性保险，保费保额均由政府核定后统一颁布，该作物保险保额是定值，以各省统颁条款规定为准，不可调整。

2. 该产品的保费如何收取？

由村委会统一组织投保，您只需将姓名、投保的品种、面积、地块名称等信息及您的准确身份证号、电话号码及银行账号等如实上报村委会，缴纳您应承担的保险费，并签字确认，保险公司将为您发放《保险凭证》作为保险依据。集体经营的农垦企业（农场）、家庭农场、龙头企业、经济合作组织等作为被保险人单独投保的可直接向安华农业保险公司投保。

3. 受灾后怎么办？

因灾害导致保险作物损失后，您可直接通过安华农业保险股份有限公司专线客服电话95540报案，也可联系当地工作人员协助您通过95540报案，我们会派专人前往调查灾情和核定损失。

4. 受灾后怎么赔偿？

投保水稻受灾报案后，保险公司将组织农业专家、公司人员进行现场查勘，核定灾害损失，根据条款相关赔付标准进行赔偿。定损工作结束后，赔款明细表在村屯进行公示，公示期满后，安华农业保险公司将赔款汇入您投保时提供的银行账户，因此在投保时请务必提供开通了通存通兑功能的银行卡（折）号。

资料来源：安华保险公司网站：http://www.ahic.com.cn/plantingRisk/45398.jhtml.

思考题：简要总结该保险产品的业务流程。

2. 林木保险

林木保险的保险标的主要是指人工栽培的人工林和人工栽培的果木林两大类，原始林或自然林不属于保险标的范围。

林木在生长期遇到的灾害有火灾、虫灾、风灾、雪灾、洪水等，其中火灾是森林的主要灾害。目前，我国只承保单一的火灾责任，今后将会逐步扩大保险责任范围。林木保险可以根据未来的生长期确定保险期限，也可以按1年定期承保，到期续保。林木保险的保险金额确定方式有两种：一是按造林的成本确定；二是分成若干档次确定。

果树保险根据承保地区主要树种的自然灾害选择单项灾害或伴发性的灾害作为保险责任，对于果树的病虫害一般不予承保。果树保险一般可分为果树产量保险和果树死亡保险两种。果树产量保险只保果树的盛果期，初果期和衰老期一般不予承保；保险期限是从出果时起到果实达到可采成熟时止。果树死亡保险的保险期限多以1年期为限。

延伸阅读 4 – 3 安华农业保险公司水果保险产品介绍

分为政策性保险和商业性保险两类，包括苹果、桃、梨、柿子、核桃、樱桃、杏、猕猴桃等多种产品，保障对象涵盖了水果花器官、果实、果树（部分品种），为水果生产提供了多种风险保障，减轻种植户在果树种植过程中因自然灾害等所导致的损失，为其消除后顾之忧。

适用人群：农户、农民专业合作组织、集体经济组织。

投保标的：符合投保要求的果树。

保障金额：详见各保险条款。

保障期限：详见各保险条款。

保险责任：冻灾、涝灾、风灾、雹灾、旱灾、倒春寒等；病虫害；泥石流、山体滑坡；具体保险责任详见各保险条款。

投保要求：种植地块位于当地洪水警戒水位线以上的非蓄洪区、非行洪区、非泄洪区内；果树品种是经当地推广成熟的优质高产品种，且处于盛果期；种植地块应整地块连片种植，且能够清晰确定地块界限或标明具体位置，权属清晰；果树种植符合当地普遍采用的技术管理和规范标准要求。

理赔流程：拨打 95540 报案—查勘—定损—理赔公示—提交资料并审核—赔款支付。

常见问题：

1. 该产品的保额是否可以调整？

政策性水果保险，保费保额均由政府核定后统一颁布，产品保额是定值，以各省统颁条款规定为准，不可调整；商业性水果保险，每亩保险金额您可与保险公司协商确定，以保险单载明为准。

2. 该产品的保费如何收取？

由村、合作社等组织统一投保的，您只需将您的姓名、投保的品种、地块面积等信息以及您的准确身份证号、电话号码及银行账号等如实报给投保组织者，缴纳您应承担的保险费，并签字确认，保险公司将为您发放《保险凭证》作为保险依据。农民专业合作组织、集体经济组织可直接向安华农业保险公司投保。

3. 受灾后找谁？

因灾害导致保险果树损失后，您可直接通过安华农业保险公司专线客服电话95540 报案，也可联系当地工作人员指导协助您通过 95540 报案，调查灾情和核定损失时，希望您积极配合。

4. 受灾后怎么赔偿？

报案后，保险公司将组织农业专家、理赔人员进行现场查勘，核定灾害损失，根据条款相关赔付标准进行赔偿。

5. 怎么领取赔款?

定损工作结束后,由村、合作社等组织农户集体投保的,赔款明细表在村屯进行公示,公示期满后,安华农业保险公司将赔款汇入您投保时提供的银行账户;农民专业合作组织、集体经济组织等单独投保的,无须公示,安华农业保险公司直接将赔款汇入您投保时提供的银行账户。请您务必提供开通了通存通兑功能的银行卡(折)号。

资料来源:安华农业保险公司网站:http://www.ahic.com.cn/linyexian/46554.jhtml.

思考题:简要总结该保险产品的业务流程。

(二) 养殖业保险

养殖业保险,是以有生命的动物为保险标的,在投保人支付一定的保险费后,对被保险人在饲养期间遭受保险责任范围内的自然灾害、意外事故所引起的损失给予补偿。一般把养殖业保险分为畜禽养殖保险和水产养殖保险两大类。

1. 畜禽养殖保险。畜禽养殖保险是以人工养殖的牲畜和家禽为保险对象的养殖保险。在畜禽养殖保险中,根据保险标的的特点,又可分为牲畜保险和家禽保险。

牲畜保险一般根据不同牲畜的饲养风险,选择几种主要的传染病,再加上部分自然灾害和意外事故作为保险责任。但要尽量避免承保与人为因素密切相关的风险。

家禽保险是指为经人们长期驯化培育,可以提供肉、蛋、羽绒等产品或其他用途的禽类提供的一种保险。由于家禽在饲养过程中一般采取高密度的规模养殖方式,因此,承保责任以疾病、自然灾害和意外事故等综合责任为主。

2. 水产养殖保险。水产养殖保险是指对利用水域进行人工养殖的水产物因遭受自然灾害和意外事故而造成经济损失时,提供经济补偿的一种保险。根据养殖水域环境条件,主要有淡水养殖保险和海水养殖保险两大类。

淡水养殖保险标的主要有鱼、河蚌、珍珠等,主要承保因自然灾害或非人为因素造成的意外事故所导致保险标的的死亡,对因疾病引起的死亡一般不予承保。

海水养殖保险是指为利用海水资源进行人工养殖者提供的一种保险。目前开办的海水养殖保险有对虾养殖保险、扇贝养殖保险等。海水养殖主要集中在沿海地区的浅海和滩涂,因此面临的风险主要是台风、海啸、异常海潮、海水淡化或海水污染等造成的保险标的的流失或死亡。海水养殖保险的保险责任主要是自然灾害造成的流失、缺氧浮头死亡等,对疾病、死亡风险一般需特约承保。

延伸阅读4-4　安华农业保险公司生猪价格指数保险产品简介

生猪价格指数保险可分别开展政策性保险与商业性保险,该产品为我公司研发推广的全国首款畜牧业价格指数型保险产品,化解了生猪价格波动风险,有效保障了养殖户的收益。

　　适用人群：从事生猪养殖的农民、农业生产经营组织。

　　保障金额：276～1 200 元（最高赔偿金额）。

　　保障期限：保险期限为一年、两年或三年，由投保人自行选择。

　　保险责任：在保险期限内，因本保险合同责任免除以外的原因，造成约定周期猪粮比平均值低于投保人和保险人双方协商确定的约定猪粮比时，视为保险事故发生，保险人按本保险合同的约定负责赔偿。

　　投保要求：仅支持养殖地在北京、内蒙古、辽宁、吉林、山东、四川的养殖户购买，且不能跨地域投保；在当地从事生猪养殖时间 1 年（含）以上；保险期限内持续养殖生猪；饲养生猪的品种在当地饲养 2 年（含）以上；非从事订单和期货交易的。

　　理赔流程：拨打 95540 报案—查勘—定损—理赔公示—提交资料并审核—赔款支付。

　　产品案例：2015 年 1 月 1 日，北京市平谷区杜长海 10 360 头生猪投保了生猪价格指数保险（保单号：PISC201411001800000113）。

　　2015 年 7 月 1 日，公司 95540 专线接到杜长海报案后，通知平谷营销服务部查勘情况。查勘员立即与报案人联系，第一时间确认国家发改委发布的猪粮比值，自 2015 年 1 月 1 日至 2015 年 6 月 30 日平均比值为 5.55:1，低于投保约定的 6.00:1。根据约定周期猪粮比平均值低于约定猪粮比值确定 5 180 头标的属于保险责任，核定赔付金额为 466 200 元（赔案号：WISC201511011300000030）。根据承保时被保险人提供的银行卡号和开户行信息，公司于 2015 年 7 月 9 日将赔款直接汇至其账户。

　　资料来源：安华农业保险公司网站：http：//www.ahic.com.cn/breedingRisk/44921.jhtml。

　　思考题：简要总结该保险产品的业务流程。

四、我国农业保险的发展

　　1949 年 10 月 20 日，中国人民保险公司正式挂牌开业，标志着中国现代保险事业的创立，开创了中国保险新纪元。中国人民保险公司在全国各地建立分支机构，并逐步开展各种财产保险和人身保险业务，农业保险业务开始起步和发展。但是，由于历史原因，1958 年 10 月，国内保险业务被迫停办，直到 1980 年得以恢复。

　　农业保险因其涉及民生保障，政策性强、敏感度高，保费金额较大、涉保人员较多、赔付程序复杂，始终处于探索发展阶段。实践中，由于农业行业效益低、风险高，仅仅依靠商业性农业保险无法满足现代农业建设的实际需求。2003 年，党的十六届三中全会通过的《中共中央关于完善社会主义市场经济体制若干问题的决定》明确提出"探索建立政策性农业保险制度"。2004 年我国正式开始政策性农业保险试点，当年的"中央一号文件"提出："加快建立政策性农业保险制度，选择部分产品和部分地区率先试点，有条件的地方可对参加种养业保险的农户给予一定的保费补贴"，之后多年的"中央一号文件"均对发展政策性农业保险提出了具体部署。2007年"中央一号文件"提出"积极发展农业保险,按照政府引导、政策支持、市场运作、农民自愿的原则,建立完善农业保险体系。扩大农业政策性保险试点范围,各级财政对农户参加农业保险给予保费补贴,完善农业巨灾风险转移分摊机制,探索建立中央、地方财政支持的农业再保险体系。鼓励龙头企业、中介组织帮助农户参加农业保险。"

2007年,政策性农业保险全面推广实施,中国逐步建立并明确了政策性农业保险为主、商业性农业保险为辅的符合国情的农业保险发展模式。政策性保险是相对于商业性保险的一个分类,政策性保险的推广是为了实现政府的某种经济或政治目的,这种保险由政府参加或扶持。我国政策性农业保险是实施收入转移政策的一种有效途径,是政府支持和保护农业的政策工具。

延伸阅读4-5　浙江省政策性农业保险实践

2006年3月,浙江省人民政府印发《关于开展政策性农业保险试点工作的通知》(浙政发〔2006〕17号),标志着浙江省在全国率先启动政策性农业保险试点。2015年,政策性农业保险的覆盖面从试点初期的11个县(市、区)扩大到全省,为426.79万农户提供风险保障403.75亿元,大户参保率平均为80.27%。险种从试点初期的10个,增加到目前的50多个,是全国政策性农业保险险种最多的省份之一。自2016年起,又对水稻、大棚蔬菜、露地西瓜、生猪、肉鸡、林木等12类农业产品提高保额标准,其中水稻保额最高已提高到1 000元/亩,小麦保额提高到600元/亩,生猪保额900元/头,基础农产品水稻、小麦保额基本覆盖了物化成本、人工成本和部分土地流转成本,整体保障程度居于全国前列。2006年至2015年,浙江省政策性农业保险共为1 493.94万户次的农户提供了2 004亿元的保险保障,累计处理各类赔案71.82万件(次),支付赔款16.41亿元,惠及千家万户。2006年至2015年,浙江不断加大地方财政保费补贴力度,积极争取中央财政保费补贴,并向欠发达地区倾斜,各地根据财政实际和产业支持方向给予追加补贴,10年来实际平均补贴率为86%,有力提高了农户参保积极性。

我国政策性农业保险的基本经营模式是将业务委托给商业性保险公司来经营,政府给予一定的补贴。浙江省政策性农业保险的运作采用共保经营和互保合作两种方式。共保经营是由两家及以上商业保险公司组建"浙江省政策性农业保险共保体"(以下简称共保)。受共保体委托,首席承保的商业保险公司承担具体业务经营,实行"单独建账、独立核算、盈利共享、风险共担"。到2015年,共保体由人保财险、太平洋产险、大地保险、安信农险、永安保险、中华保险、浙商保险7家商业保险公司按份额认购方式组成。互保合作方式是指依托各类农业行业协会、专业合作社和农业龙头企业,按照自愿原则,建立农业生产者互助合作保险组织,实行"会员缴费、财政补助,自我管理、合作共享,专户监管、滚动发展"。

在试点阶段，实行全省范围内农险风险责任不超过当年全省农险保费 5 倍的封顶方案，承担在此以内的保险赔付责任。以试点县（市、区）为核算单位，建立共保体政策性农业保险资金专户。原则上所有农险业务和经核定的以险养险业务，均纳入共保体政策性农业保险资金专户管理。试点县（市、区）农险赔款在当年农险保费 2 倍以内，由共保体承担全部赔付责任；赔款在当年农险保费 2 ~ 3 倍的部分，由共保体与政府按 1∶1 比例承担；赔款在当年农险保费 3 ~ 5 倍的部分，由共保体与政府按 1∶2 比例承担。政府承担的超赔责任由省与试点县（市、区）财政分担，参照财政保费补贴比例执行。

思考题：浙江政策性农业保险的主要经验有哪些？

2013 年 3 月，《农业保险条例》正式颁布实施，这是我国第一部关于农业保险的法律，也是各项农业保险业务开展的法律依据。2014 年 8 月，国务院发布《关于加快发展现代保险服务业的若干意见》（即"新国十条"），根据"新国十条"规定，目前中国采取"中央支持保大宗、保成本，地方支持保特色、保产量，有条件的保价格、保收入"的分层次农业保险保障原则。

截至 2015 年末，中国已成为全球第二、亚洲第一的农业保险市场，是仅次于美国的世界农业保险第二大国且呈现逐步扩大趋势。据保监会统计数据，2015 年，全国农业保险实现保费收入 374.7 亿元，同比增长 15.04%，参保农户约 2.3 亿户次，提供风险保障近 2 万亿元。"十二五"期间，通过农业保险累计为 10.4 亿户次农户提供风险保障 6.5 万亿元，向 1.2 亿户次农户支付赔款 914 亿元。现有中央财政补贴险种已经推广至全国，保费财政综合补贴比例达到 75% 以上，补贴品种基本覆盖了关系国计民生和粮食安全的大宗农产品，如玉米、水稻、小麦、棉花、马铃薯、油料作物、糖料作物、能繁母猪、奶牛、育肥猪、天然橡胶、森林、青稞、藏系羊、牦牛等。

2016 年 2 月，农业部、保监会联合召开保险服务农业现代化座谈会，签署《保险服务农业现代化倡议书》，推动建立顺畅高效的农业保险部际合作机制。2016 年"中央一号文件"提出："完善农业保险制度。把农业保险作为支持农业的重要手段，扩大农业保险覆盖面、增加保险品种、提高风险保障水平。积极开发适应新型农业经营主体需求的保险品种。探索开展重要农产品目标价格保险，以及收入保险、天气指数保险试点。支持地方发展特色优势农产品保险、渔业保险、设施农业保险。完善森林保险制度。探索建立农业补贴、涉农信贷、农产品期货和农业保险联动机制。积极探索农业保险保单质押贷款和农户信用保证保险。稳步扩大'保险＋期货'试点。鼓励和支持保险资金开展支农融资业务创新试点。进一步完善农业保险大灾风险分散机制。"农业保险发展呈现从产量保险向收入保险、由单个农户投保的农业灾害保险向政府投保的农业巨灾保险转变的趋势。

延伸阅读 4 – 6　水稻天气指数保险受热捧

本报讯　受高温天气影响，今年国元保险在芜湖市开展的水稻天气指数保险承保面积首度突破至 33.13 万亩，是去年承保面积的一倍多，创下了该险种开办以来的历史新高。

今年夏季入伏以来，安徽省进入持续晴热高温天气。持续高温严重影响了在田农作物的生长，尤其南方地区单季稻正值抽穗扬花期，发生高温热害损失的风险极大。国元保险芜湖中支适时启动水稻天气指数保险承保工作，农户投保踊跃，50 亩以上参保大户首次突破 1 000 户。

"超级杂交水稻高温热害天气指数农业政策性保险"项目是由农业部、国际农业发展基金（IFAD）和联合国世界粮食计划署（WFP）共同出资设立的国际合作项目，旨在提高我国小型农户应对灾害风险的能力，由国元保险首创并于 2011 年开始在芜湖地区推广。该险种以气象数据为依据计算赔偿金额，只要天气指标数据超过约定水平达到理赔标准，即可启动赔付，具有免查勘、少纠纷、理赔迅捷等特点。

今年的高温灾害基本形成。目前，国元保险芜湖中支已开始理赔计算，理赔指数将依据省气象局发布数据，预计近期完成全部核算工作。（张莹）

资料来源：中安在线—安徽日报农村版（合肥），2017 – 08 – 28。

背景知识：天气指数农业保险是指把天气对农作物的损害程度指数化，保险公司通过指数对应的农作物产量和损益进行赔付。这意味着省略了复杂的查勘定损工作，取而代之的是根据已发生的天气数据直接理赔。2014 年 8 月，国务院出台《关于加快发展现代保险服务业的若干意见》，提出"探索天气指数保险等新兴产品和服务"，到 2016 年"中央一号文件"提出探索开展天气指数保险试点，天气指数保险逐渐接过了农业保险转型的接力棒。

思考题：天气指数农业保险受热捧的可能原因有哪些？

第三节　国外农业保险

一、发展历程与特点

（一）美国

美国是农业保险历史较长且实施最好的国家之一。美国发展农业保险的过程中虽受到过参与率低、道德风险大等诸多因素的困扰，但经过多次改革终于实现了由政府宏观调控、立法管理、财税补贴到私营保险公司经营的健康过渡。

1. 发展历程。1938 年，美国国会颁布了《联邦农业保险法》，为联邦政府农业保险的开展提供了法律依据。此后，《联邦农业保险法》历经 12 次修改，直到 1980 年正式在美国全面推行。1994 年，美国国会再次对该法案进行大刀阔斧的修订，使农业保险法律体系得到进一步完善。经过三次重大改革后，美国农业保险参与率已经超过了 80%，可耕地覆盖面积达到 2.15 亿英亩，损失预测与精算水平也在不断提高。

2. 主要特点。美国农业保险制度有其自身鲜明的特征：（1）农业保险的组织形式、经营方式灵活；（2）自愿保险与强制保险相结合；（3）农业保险具备非营利性的属性；（4）联邦政府对农业保险提供税收、补贴和再保险等经济支持；（5）农业保险覆盖面广、险种多。

（二）欧洲

欧洲的农业保险制度，也称为民办公助式保险制度，指由相互竞争的互助保险社和商业性保险公司承办农业保险，政府不直接参与农业保险经营的模式。主要欧盟国家，如法国、德国、西班牙等均采用这种模式，其中以法国的做法最为典型。

1. 发展历程。1900 年，法国通过了《农业互助保险法》，确立了农业互助保险社的法律地位。1986 年，法国成立了农业相互保险集团公司，专门经营农业保险及其相关业务。相互保险集团公司将农业作为一个系统进行承保，设计了一揽子保险吸引农户，这种独立经营的方式极大地促进了法国农业保险的发展。

2. 主要特点。欧洲农业保险制度的特点包括：（1）农业保险主要由私营公司、部分相互保险公司经营；（2）大多数保险公司只经营雹灾、火灾和其他灾害保险；（3）政府和社会共同管理保险经营机构。

（三）日本

日本农业以分散的个体农场小规模经营为基础，与之相适应，日本的农业保险采取的是民间非营利团体经营、政府补贴和再保险相扶持的模式。这种模式通过在政府支持下的相互会社进行投保和理赔，因此也称为政府支持下的相互会社模式。

1. 发展历程。日本政府于 1938 年颁布《农业保险法》，其后经多次修订形成《农业灾害补偿法》。根据该法，日本农业保险采取共济组合形式，以市、町、村的农业共济组合为基层组织，农民自愿参加，由该组织直接承办农业保险；凡关系国计民生的粮食作物和牲畜均为法定保险范围，实行强制保险，对其他农作物实行自愿保险。

2. 主要特点。日本农业保险制度的特点主要有：（1）由民间的保险相互会社经营农业保险业务；（2）强制性保险与自愿保险相结合；（3）中央政府在农业保险中的责任分工明确，各类机构各司其职，共同监督和指导农业保险。

（四）亚洲发展中国家

亚洲发展中国家主要以国家重点选择性扶持模式发展农业保险。菲律宾、泰国、印度、巴基斯坦、孟加拉国等亚洲国家均采用此种模式，其中菲律宾最具有典型意义。

1. 发展历程。1973 年，菲律宾政府为实现大米自给，推出了农业信贷等支持措施。为避免贷款损失，通过借鉴其他国家发展农业保险的经验，菲律宾政府出资建立了农作物保险公司专门经营农业保险。1978 年 9 月，政府颁布了《农作物保险法》，将上述措施通过法律形式进行确认。菲律宾农业保险覆盖本国的主要粮食作物，而且农业保险必须与生产信贷相联系，其目的是确保粮食生产的持续、稳定。

2. 主要特点。亚洲发展中国家农业保险制度的特点：（1）农业保险主要由政府专门农业保险机构提供，依靠共保或政府参与等形式推动；（2）保险险种少，涉及范围小；（3）采取与农业信贷相联系的强制投保方式推广保险产品。

二、农业保险模式

（一）政府主导下的市场运营模式

以美国、加拿大为代表，其主要特点是以国家专门保险机构为主导，委托商业保险公司开展业务。各国关于农业保险的政策重点在农作物，对其有健全的、不断完善的农作物保险法律体系。政府补贴较高，农民仅支付部分纯保费，实行税收优惠政策。对于农业保险实行强制保险与自愿保险相结合的投保方式。

（二）民营保险相互会社模式

以日本为代表，其主要特点是政策性强，不以营利为目的。通过立法对主要的关系国计民生和对农民收入影响较大的农作物和畜种实行法定保险。经营组织具有互助性和民间色彩，中央政府进行监督和指导并对保费和管理费进行补贴。

（三）民办公助模式

以西欧国家为代表，诸如法国、荷兰、德国等，主要特点是没有全国统一的农业保险制度和体系，政府一般不经营一切险和特定灾害保险。农业保险主要由私营公司、部分保险相互会社或保险合作社经营，一般不经营雹灾、水灾和其他特定灾害保险，政府不直接参与农业保险的经营。实行自愿投保，农民自己支付保费，国家为了减轻参加农作物保险的农民的保费负担，会给予一定的保费补贴和税收等政策优惠。

（四）国家重点选择性扶持模式

主要以亚洲一些发展中国家，如斯里兰卡、泰国、印度、菲律宾、巴基斯坦、孟加拉国等为代表。主要特点是农业保险主要由政府专门农业保险机构或国家保险公司提供；主要承保本国主要农作物，很少承保畜禽等饲养动物；参加农业保险都是强制性的，并且这种强制性一般与农业生产的贷款相联系。政府负责保费补贴和保险公司的业务费用补贴，政府金融机构通过贷款资金进行支持，将保险与金融机构贷款相结合。

思考题

1. 简述风险的概念内涵与主要分类。
2. 风险的主要特征有哪些？
3. 简述保险与社会保险的概念内涵。
4. 保险的主要分类有哪些？
5. 简述农业保险的概念与特点。
6. 农业保险的主要险种有哪些？
7. 简单评价我国农业保险的发展状况。
8. 国外农业保险的主要模式有哪些？

第五章
农产品期货

NONGCHANPIN QIHUO

第一节　期货市场概述

一、期货市场的产生

现代意义上的期货交易在 19 世纪中期产生于美国芝加哥。19 世纪三四十年代，随着美国中西部大规模的开发，芝加哥因毗邻中西部产粮区和密歇根湖，从一个名不见经传的小村落发展成为重要的粮食集散地。中西部的谷物汇集于此，再从这里运往东部消费区。然而，由于粮食生产特有的季节性，加之当时仓库不足，交通不便，粮食供求矛盾异常突出。每年谷物收获季节，农场主们用车船将谷物运到芝加哥。因谷物在短期内集中上市，供给量大大超过当地市场需求，价格一跌再跌。可是，到来年春季，因粮食短缺，价格飞涨，消费者又深受其害，加工企业也因缺乏原料而困难重重。在供求矛盾的反复冲击下，粮食商开始在交通要道旁边设立仓库，收获季节从农场主手中收购粮食，来年发往外地，缓解了粮食供求的季节性矛盾。但是，粮食商因此承担很大的价格风险。一旦来年粮价下跌，利润就会减少，甚至亏本。为此，他们在购入谷物后立即到芝加哥与当地的粮食加工商、销售商签订第二年春季的供货合同，事先确定销售价格，进而确保利润。由此，粮商们在长期的经营活动中摸索出了一套远期交易的方式。

1848 年，芝加哥的 82 位商人发起组建了芝加哥期货交易所（CBOT）。其实当初的芝加哥期货交易所并非是一个市场，只是一家为促进芝加哥工商业发展而自然形成的商会组织。芝加哥期货交易所发展初期主要是改进运输和储存条件，同时为会员提供价格信息等服务，促成买卖双方达成交易。

直到 1851 年，芝加哥期货交易所才引进了远期合约。当时，粮食运输很不稳定，轮船航班也不定期，从美国东部和欧洲传来的供求消息需要很长时间才能传到芝加哥，价格波动相当大。在这种情况下，农场主即可利用远期合约保护他们的利益，避免运粮到芝加哥时因价格下跌或需求不足等原因而造成损失。加工商和出口商也可以利用远期合约减少因各种原因而引起的加工费用上涨的风险，保护他们自身。但是，这种远期交易方式在随后的交易过程中遇到了一系列困难，如商品品质、等级、价格、交货时间、交货地点等都是根据双方的具体情况达成的，当双方情况或市场价格发生变化，需要转让已签订合同时，则非常困难。另外，远期交易最终能否履约主要依赖对方的信誉，而对对方信誉状况做全面细致的调查，费时费力、成本较高，难以进行，使交易中的风险增大。

针对上述情况，芝加哥期货交易所于1865年推出了标准化合约，同时实行了保证金制度，向签约双方收取不超过合约价值10%的保证金，作为履约保证，这是具有历史意义的制度创新，促成了真正意义上的期货交易的诞生。随后，在1882年，交易所允许以对冲方式免除履约责任，这更加促进了投机者的加入，使期货市场流动性加大。1883年，成立了结算协会，向芝加哥期货交易所的会员提供对冲工具。但结算协会当时还不是规范严密的组织，直到1925年芝加哥期货交易所结算公司（BOTCC）成立以后，芝加哥期货交易所所有交易都要进入结算公司结算，现代意义上的结算机构才初具雏形。

二、期货市场的功能

（一）价格发现

价格发现是指在期货市场通过公开、公正、高效、竞争的期货交易运行机制形成具有真实性、预期性、连续性和权威性价格的过程。期货市场形成的价格之所以为公众所承认，是因为期货市场是一个有组织的规范化的市场，期货价格是在专门的期货交易所内形成的。期货交易所聚集了众多的买方和卖方，把自己所掌握的对某种商品的供求关系及其变动趋势的信息集中到交易场内，从而使期货市场成为一个公开的自由竞争的市场。通过期货交易所能把众多的影响某种商品价格的供求因素集中反映到期货市场内，形成的期货价格能够比较准确地反映真实的供求状况及其价格变动趋势。

期货价格能比较准确、全面地反映真实的供给和需求的情况及其变化趋势，对生产经营者有较强的指导作用。世界上很多生产经营者虽未涉足期货交易，也没有和期货市场发生直接关系，但他们都在利用期货交易所发现的价格和所传播的市场信息来制定各自的生产经营决策，例如，生产商根据期货价格的变化来决定商品的生产规模；在贸易谈判中，大宗商品的成交价格往往是以期货价为依据来确定的。

（二）风险规避

风险规避是指生产经营者通过在期货市场上进行套期保值交易，有效地回避、转移或分散现货市场上价格波动的风险。套期保值交易的基本经济原理在于某一特定商品的期货价格与现货价格在同一时空内会受到相同的经济因素的影响和制约，因而一般情况下两个市场的价格变动趋势相同。套期保值交易就是利用两个市场上的这种价格关系，取得在一个市场上出现亏损，在另一个市场上获得盈利的结果。两个市场走势的"趋同性"使得套期保值行之有效，当期货合约临近交割时，现货价格与期货价格趋于一致，二者的基差接近于零。

（三）风险投机

对于期货投资者而言，期货交易还有进行风险投机、获取风险收益的功能。一般而言，期货风险投机包括两层含义：一是投资者投资（垫付）一定数额的货币资金用于期货交易这个项目，即买卖期货合约；二是投资者参与期货交易的目的主要是取得以货币表示的经济收益。只要特定的投资主体为了获取经济收益而用一定数额的货币资金买卖期货合约，都属期货风险投机行为，而不管投资主体是为了获取转移风险的经济收益，还是为了获得超额利润。

三、期货市场的架构

参与期货交易时要对期货市场中的组织机构和功能有准确的认识。目前，我国已初步建成期货市场监管部门、期货交易所和期货行业协会三级管理体系。

（一）期货市场监管部门

期货市场监管部门指国家指定的对期货市场进行监管的单位。我国目前确定中国证券监督管理委员会（以下简称中国证监会）及其下属派出机构对中国期货市场进行统一监管。

我国期货市场由中国证监会作为国家期货市场的主管部门进行集中、统一管理的基本模式已经形成。对地方监管部门实行由中国证监会垂直领导的管理体制。

（二）期货交易所

期货交易所指国家认定的、以会员制为组织形式的进行标准化期货合约交易的有组织的场所，它是为会员提供服务的非营利性、自律管理的机构。

（三）中国期货业协会

中国期货业协会主要宗旨体现为贯彻执行国家法律法规和国家有关期货市场的方针政策，在国家对期货市场集中统一监督管理的前提下，实行行业自律管理，发挥政府与会员之间的桥梁和纽带作用，维护会员的合法权益，维护期货市场的公开、公平、公正原则，加强对期货从业人员的职业道德教育和资格管理，促进中国期货市场的健康稳定发展。

（四）交易所会员

交易所会员指拥有期货交易所的会员资格、可以在期货交易所内直接进行期货交易的单位。国内期货交易所会员分为两类：一类是为自己进行套期保值或投机交易的期货自营会员，另一类则是专门从事期货经纪代理业务的期货经纪公司。

（五）期货经纪公司

期货经纪公司指由中国证监会颁发期货经纪业务许可证和国家市场监督管理总局颁发营业执照的，拥有期货交易所会员席位、专门受客户委托进行期货交易的专业公司。按照中国证监会的规定，期货经纪公司不能从事自营交易，只能为客户进行代理交易，是收取佣金的中介机构，接受客户的买卖委托指令，通过交易所完成交易。

（六）期货交易者

期货交易者指为了规避风险而参与期货交易的套期保值者，或为了获得投机利润的期货投机者。他们通过期货经纪公司（或自身就是期货交易所的自营会员）在期货交易所进行期货交易。

套期保值者是从事商品生产、储运、加工以及金融投资活动的主体。他们利用期货市场的价格发现机制来完成对现货市场交易的套期保值，同时放弃在期货市场营利的目的。

投机商是以自己在期货市场的频繁交易，低买高卖赚取差价利润的主体。他们是期货市场的润滑剂和风险承担者，没有投机商的参与就无法达到套期保值的目的。在现实市场中，投机商与套期保值者并不是截然分开的。

四、期货合约

（一）期货合约的概念

期货合约是指由期货交易所统一制定的、规定在将来某一特定的时间和地点交割一定数量和质量商品的标准化合约。它是期货交易的对象，期货交易参与者正是通过在期货交易所买卖期货合约以转移价格风险，获取风险收益。期货合约是在现货合同和现货远期合约的基础上发展起来的，但它们最本质的区别在于期货合约条款的标准化。

在期货市场交易的期货合约，其标的物的数量、质量等级和交割等级及替代品升贴水标准、交割地点、交割月份等条款都是标准化的，使期货合约具有普遍性特征。期货合约中，只有期货价格是唯一变量，在交易所以公开竞价方式产生。

（二）期货合约的主要条款

期货合约的各项条款对期货交易有关各方的利益以及期货交易能否活跃至关重要。

1. 合约名称。合约名称需注明该合约的品种名称及其上市交易所名称。以郑州商品交易所白糖合约为例，合约名称为"郑州商品交易所白糖期货合约"，合约名称应简洁明了，同时要避免混淆。

2. 交易单位。交易单位是指在期货交易所交易的每手期货合约代表的标的商品的数量。例如，郑州商品交易所规定，一手白糖期货合约的交易单位为10吨。在交易时，只能以交易单位的整数倍进行买卖。确定期货合约交易单位的大小时，主要应当考虑合约标的的市场规模、交易者的资金规模、期货交易所会员结构以及该商品现货交易习惯等因素。

3. 报价单位。报价单位是指在公开竞价过程中对期货合约报价所使用的单位，即每计量单位的货币价格。国内阴极铜、白糖、大豆等期货合约的报价单位以元（人民币）/吨表示。

4. 最小变动价位。最小变动价位是指在期货交易所的公开竞价过程中，对合约标的每单位价格报价的最小变动数值。最小变动价位乘以交易单位，就是该合约价格的最小变动值。例如，郑州商品交易所白糖期货合约的最小变动价位是1元/吨，即每手合约的最小变动值是1元/吨×10吨=10元。

在期货交易中，每次报价必须是其合约规定的最小变动价位的整数倍。期货合约最小变动价位的确定，通常取决于该合约标的商品的种类、性质、市场价格波动情况和商业规范等。

5. 合约交割月份。合约交割月份是指某种期货合约到期交割的月份。期货合约的到期实际交割比例很小，美国芝加哥期货交易所（CBOT）的农产品期货合约交割量占该合约总交易量的比率一般在 0.5% 左右。期货合约的交割月份由期货交易所规定，期货交易者可自由选择交易不同交割月份的期货合约。

6. 交易时间。期货合约的交易时间是固定的。每个交易所对交易时间都有严格规定。一般每周营业 5 天，周六、周日及国家法定节假日休息。一般每个交易日分为两盘，即上午盘和下午盘，上午盘为 9:00~11:30，下午盘为 1:30~3:00。

7. 最后交易日。最后交易日是指某种期货合约在合约交割月份中进行交易的最后一个交易日，超过这个期限的未平仓期货合约，必须进行实物交割。根据不同期货合约标的商品的生产、消费和交易特点，期货交易所确定其不同的最后交易日。

8. 交割日期。交割日期是指合约标的物所有权进行转移，以实物交割方式了结未平仓合约的时间。

9. 交割等级。交割等级是指由期货交易所统一规定的、准许在交易所上市交易的合约标的物的质量等级。在进行期货交易时，交易双方无须对标的物的质量等级进行协商，发生实物交割时按交易所期货合约规定的标准质量等级进行交割。

10. 交割地点。交割地点是指由期货交易所统一规定的，进行实物交割的指定交割仓库。

11. 交易手续费。交易手续费是期货交易所按成交合约金额的一定比例或按成交合约手数收取的费用。交易手续费的收取标准，不同的期货交易所均有不同的规定。

12. 交割方式。期货交易的交割方式分为实物交割和现金交割两种。商品期货通常采取实物交割方式，金融期货多采用现金交割方式。

13. 交易代码。为便于交易，每一个期货品种都有交易代码，如郑州商品交易所的强筋小麦合约的交易代码为 WH，白糖合约的交易代码为 SR。

表 5 - 1　　　　　　　　　郑州商品交易所强筋小麦期货合约

交易品种	优质强筋小麦（简称"强麦"）
交易单位	20 吨/手
报价单位	元（人民币）/吨
最小变动价位	1 元/吨
每日价格波动限制	上一个交易日结算价 ±4% 及《郑州商品交易所期货交易风险控制管理办法》相关规定
最低交易保证金	合约价值的 5%
合约交割月份	1 月、3 月、5 月、7 月、9 月、11 月
交易时间	每周一至周五（法定节假日除外），上午 9:00~11:30，下午 1:30~3:00
最后交易日	合约交割月份的第 10 个交易日
最后交割日	合约交割月份的第 12 个交易日

交割品级	符合《中华人民共和国国家标准小麦》（GB 1351 - 2008）的三等及以上小麦，且稳定时间、湿面筋等指标符合《郑州商品交易所期货交割细则》规定要求
交割地点	交易所指定交割仓库
交割方式	实物交割
交易代码	WH
上市交易所	郑州商品交易所

表 5 - 2　　　　　　　　　　郑州商品交易所白砂糖期货合约

交易品种	白砂糖
交易单位	10 吨/手
报价单位	元（人民币）/吨
最小变动价位	1 元/吨
每日价格最大波动限制	不超过上一个交易日结算价 ±4%
合约交割月份	1 月、3 月、5 月、7 月、9 月、11 月
交易时间	每周一至周五（法定节假日除外），上午 9:00 ~ 11:30，下午 1:30 ~ 3:00
最后交易日	合约交割月份的第 10 个交易日
最后交割日	合约交割月份的第 12 个交易日
交割品级	标准品：一级白糖（符合 GB 317 - 2006）；替代品及升贴水见《郑州商品交易所期货交割细则》
交割地点	交易所指定仓库
最低交易保证金	合约价值的 6%
交割方式	实物交割
交易代码	SR
上市交易所	郑州商品交易所

五、期货交易

（一）概念内涵

期货交易是指交易双方在期货交易所买卖期货合约的交易行为。期货交易是在现货交易基础上发展起来的、通过在期货交易所内成交标准化期货合约的一种新型交易方式。世界农产品期货交易的主要内容是农产品，如谷物、棉花、油脂、橡胶、黄麻、食糖、羊毛、可可等，这些产品容易区分等级，并且可以保存相当长的时间。

期货交易的目的按其性质可分为两种：一是保值，即期货保值，又称套期保值；二是投机，即风险投资。套期交易者为了避免价格变动使某项现货交易造成损失，减少业务上的风险，卖出期货后则退出市场；而投机者是为了谋取利润而自愿承担风险，他们通过买空卖空的投机活动牟利。投机活动客观上调节了市场的波动，在价格低的时候买进，价格高的时候卖出，平衡了市场的供给量，使不同时期的价格相对稳定。由于期货市场上存在着买空卖空的投机者，他们反复多次转手倒卖，因而期货的成交额比商品的实际数量大很多。

买入期货又称"买空"或"多头"，即多头交易。卖出期货又称"卖空"或"空头"，即空头交易。开始买入期货合约或卖出期货合约的交易行为称为"开仓"，交易者手中持有合约称为"持仓"，交易者了结手中的合约进行反向交易的行为称为"平仓"或"对冲"。

如果到了交割月份，交易者手中的合约仍未对冲，持空头合约者就要备好实货准备提出交割，持多头合约者就要备好资金准备接受实物。一般情况下，大多数合约都在到期前以对冲方式了结，只有极少数要进行实货交割。

（二）期货交易种类

1. 商品期货。商品期货是期货交易的起源种类。随着期货市场的发展，商品期货交易不断扩展，已成为现代期货市场体系中重要的组成部分之一，其规避风险、发现价格的功能对于现代市场经济的运作发挥着越来越重要的作用。国际商品期货交易的品种随着期货交易发展而不断变化，交易品种不断增加，从传统的农产品，发展到经济作物、畜产品、有色金属、贵金属和能源等大宗初级产品。

2. 金融期货。20 世纪 70 年代，期货市场有了突破性的发展，金融期货大量出现并逐渐占据了期货市场的主导地位。金融期货的繁荣主要是由于国际金融市场的剧烈动荡，金融风险越来越受到人们的关注，许多具有创新意识的交易所纷纷尝试推出金融期货合约，以满足人们规避金融市场风险的需求。随着许多金融期货合约的相继成功，期货市场焕发生机，取得了突飞猛进的发展。金融期货主要包括外汇期货、利率期货、股指期货和股票期货。

（三）期货交易特点

1. 以小博大。一般只需交纳 2% ~20% 的履约保证金就可控制 100% 的虚拟资金。

2. 交易便利。由于期货合约中主要因素如商品质量、交货地点等都已标准化，合约的互换性和流通性较高。

3. 信息公开，交易效率高。期货交易通过公开竞价的方式使交易者在平等的条件下公平竞争。同时，期货交易有固定的场所、程序和规则，运作高效。

4. 期货交易可以双向操作，简便、灵活。交纳保证金后即可买进或卖出期货合约，且只需用少数几个指令在数秒或数分钟内即可达成交易。当行情处于有利价位时再以相反的方向平仓或补仓出场。

5. 合约的履约有保证。期货交易达成后，须通过结算部门结算、确认，无须担心交易的履约问题。

（四）期货交易的基本操作程序

期货交易的完成是通过期货交易所、结算所、经纪公司和交易者四个组成部分的有机联系进行的。

客户首先需要选择一个期货经纪公司，在该经纪公司办理开户手续。当客户与经纪公司的代理关系正式确立后，就可根据自己的要求向经纪公司发出交易指令。

经纪公司接到客户的交易订单后，须立即通知该公司驻交易所的出市代表，并记下订单上的内容，交给该公司收单部。出市代表根据客户的指令进行买卖交易，目前国内一般采用计算机自动撮合的交易方式。

结算所每日结算后，以书面形式通知经纪公司。经纪公司同样向客户提供结算清单。

若客户提出平仓要求，过程同前，最后由出市代表将原持仓合约进行对冲（平仓），经纪公司将平仓后的报表送交客户。

若客户不平仓，则实行逐日盯市制度，按当天结算价结算账面盈利时，经纪公司补交盈利差额给客户；如果账面亏损，客户须补交亏损差额。直到客户平仓时，再结算实际盈亏额。

（五）期货交易与现货交易的区别

期货交易与现货交易有相同点，即都是一种交易方式，都是真正意义上的买卖，涉及商品所有权的转移等。期货交易与现货交易的区别如下：

1. 买卖的直接对象不同。现货交易买卖的直接对象是商品本身，有样品、有实物、看货定价。期货交易买卖的直接对象是期货合约，是买进或卖出的手数或期货合约数。

2. 交易的目的不同。现货交易是一手交钱、一手交货的交易，马上或一定时期内获得或出让商品的所有权，是满足买卖双方需求的直接手段。期货交易的目的一般不是到期获得实物，套期保值者的目的是通过期货交易转移现货市场的价格风险，投资者的目的是为了从期货市场的价格波动中获得风险利润。

3. 交易方式不同。现货交易一般是一对一谈判签订合同，具体内容由双方商定，签订合同之后若不能兑现，就要诉诸法律。期货交易是以公开、公平竞争的方式进行交易，一对一谈判交易（或称私下对冲）被视为违法。

4. 交易场所不同。现货交易一般不受交易时间、地点、对象的限制，交易灵活方便，随机性强，可以在任何场所与对手交易。期货交易必须在交易所内依照法规进行公开、集中交易，不能进行场外交易。

5. 商品范围不同。现货交易的品种是一切进入流通的商品；而期货交易的品种是有限的，主要是农产品、石油、金属商品以及一些初级原材料和金融产品。

6. 结算方式不同。现货交易是货到款清，无论时间长短，都是一次或数次结清。期货交易实行每日无负债结算制度，必须每日结算盈亏，结算价格按照成交价加权平均来计算。

六、期货交易结算

期货交易是由交易所的结算部门或独立的结算机构来进行结算的，在交易所内达成的交易，只有经结算机构进行处理后才算最终达成，也才能得到财务担保，因此期货结算是期货交易的最基本特征之一。

（一）概念内涵

结算是指交易所结算机构或结算公司对会员和客户的交易盈亏进行计算，计算的结果作为收取交易保证金或追加保证金的依据。因此结算是指对期货交易市场的各个环节进行的清算，既包括了交易所对会员的结算，同时也包含会员经纪公司对其代理客户进行的交易盈亏的计算，其计算结果将被记入客户的保证金账户中。

（二）结算方式

在期货市场中，了结一笔期货交易的方式有三种：对冲平仓、实物交割和现金交割，相应地也有三种结算方式。

1. 对冲平仓。这是期货交易最主要的了结方式，期货交易上的绝大多数合约都是通过这一方式进行了结的。结算结果：盈或亏 =（卖出价 - 买入价）× 合约张数 × 合约单位 - 手续费或 =（买入价 - 卖出价）× 合约张数 × 合约单位 - 手续费。

2. 实物交割。实物交割是指用实物交收的方式来履行期货交易的责任。在期货交易中，虽然利用实物交割方式平仓了结的交易很少，只占合约总数的 1% ~ 3%，然而正是由于期货交易的买卖双方可以进行实物交割，这一做法确保了期货价格能真实地反映所交易商品的实际现货价格，使得期货价格变动与相关现货价格变动具有同步性，并随着合约到期日的临近而逐步趋近，为套期保值者参与期货交易提供了可能。在期货交易中发生的实物交割是期货交易的延续，它处于期货市场与现货市场的交接点，是期货市场和现货市场的桥梁和纽带。所以，期货交易中的实物交割是期货市场存在的基础，是期货市场经济功能发挥的根本前提。

结算结果：卖方将货物提单和销售发票通过交易所结算部门或结算公司交给买方，同时收取全部货款。

3. 现金结算。只有很少量的期货合约到期时采取现金清算而不是实物交割。

第二节 农产品期货交易

农产品市场的风险主要体现在农产品市场价格变化上，期货市场的价格发现和套期保值功能，是化解农业市场风险的有效途径之一。理论上而言，农产品期货市场所具有的价格发现和风险规避功能可以使其成为农户、农产品加工企业和其他涉农企业进行农产品价格风险管理的重要工具。

一、农产品期货市场的形成与发展

（一）国际农产品期货市场

国际农产品期货市场最早产生于美国芝加哥。19 世纪中期，芝加哥成为美国国内农产品的主要集散地之一，由于粮食生产特有的季节性，加之当时仓库不足，交通不便，粮食供求矛盾异常突出。为了改善交易条件，稳定产销关系，1848 年，由 82 位商人发起并成功组建了美国第一家中心交易所，即芝加哥期货交易所。此后，芝加哥期货交易所实现了保证金制并成立结算公司，成为严格意义上的期货市场。之后，世界农产品期货市场不断涌现，如东京谷物交易所、纽约棉花交易所、温尼伯格商品交易所等。农产品期货交易的品种有小麦、玉米、大豆、豆粕、红豆、大米、棉花、咖啡、可可、黄油、鸡蛋、生猪、活牛、猪腩、木材、天然橡胶等。

近30多年来，虽然农产品期货交易额在国际期货交易额中所占的绝对比例大大下降，但它仍然占据着国际期货市场相当大的份额。目前，国际上仍然在交易的农产品期货有20多个大类、200余个品种，其中相当一部分交易非常活跃，在世界农产品的生产、流通、消费中成为相关产业链的核心。

（二）国内农产品期货市场

改革开放后，中国从计划经济向市场经济转型，借鉴了发达国家的发展经验，相继成立了郑州商品交易所（CZCE，以下简称郑商所）、大连商品交易所（以下简称大商所）、上海期货交易所。1990年10月12日，中国第一家以期货交易为建设目标的批发市场——中国郑州粮食批发市场成立；1991年3月，在该批发市场签订了中国第一份小麦远期交易合同；1992年下半年期货经纪公司成立；1993年5月28日，在郑州粮食批发市场基础上建立了郑州商品交易所，正式推出小麦（白麦）、大豆、玉米等期货交易品种，这标志着中国农产品期货市场拉开帷幕。郑商所是经国务院批准成立的我国首家期货市场试点单位，大商所成立于1993年2月28日，均隶属中国证券监督管理委员会管理。

1993年11月，国务院发布了《关于坚决制止期货市场盲目发展的通知》，对期货市场进行整顿。1998年，国务院决定保留上海期货交易所、郑州商品交易所、大连商品交易所3家期货交易所，保留期货品种12个，其中农产品期货9个，包括大豆、小麦、绿豆、豆粕、天然橡胶、籼米、啤酒大麦、红小豆、花生仁。

1999年6月，国务院颁布了《期货交易管理暂行条例》，并相继出台了与之相配套的一系列相关管理办法，从而加强了对期货市场的法制监管，使之逐渐向规范化发展。2001年"十五"规划纲要首次提出"稳步发展期货市场"，为中国期货市场多年的规范整顿画上了句号。

2004年，国务院发布《关于推进资本市场改革开放和稳定发展的若干意见》（又称"国九条"），成为期货市场发展的纲领性文件。国内期货市场也逐步推出了棉花、玉米等农产品期货品种，农产品期货品种进一步得到丰富。自2007年3月起，国务院及证监会陆续颁布了有关期货交易、期货交易所以及期货公司等的相关条例和办法。政策推动使我国农产品期货市场进入了一个相对活跃的时期：2004年，棉花、玉米和黄大豆2号3个品种上市交易；2006年，白糖和豆油两个品种上市交易；2007年，菜籽油和棕榈油两个品种上市交易；2009年4月20日，早籼稻期货在郑商所上市交易。我国期货市场交易也稳步扩大，2007年商品期货成交量占全球成交量的26%，其中农产品期货交易量占全球农产品期货交易量的49%。2009年全国农产品期货市场成交量达到12.35亿手，占全国成交量的57.23%，成交额达到62.17万亿元，占全国市场份额的47.64%。全球成交量最大的10个农产品中，有6个来自中国期货市场，这引起了国际同行的关注，部分农产品期货价格被纳入了世界信息统计体系。

2012年10月，郑商所加入世界交易所联合会，先后与美国芝加哥商品交易所等签订友好合作协议，定期交换市场信息，该所的小麦、棉花期货纳入全球报价体系。大商所也已成为美国期货业协会和英国期货与期权协会的成员，并与芝加哥商品交易所等15

家境外期货交易所实现了信息共享与市场开发。我国农产品期货交易所已经迈向国际化。

目前，我国期货交易所中的郑商所和大商所以农产品期货交易为主，上海期货交易所目前仅天然橡胶品种具有农产品属性。郑商所目前上市交易的期货品种有普通小麦、优质强筋小麦、早籼稻、晚籼稻、粳稻、棉花、油菜籽、菜籽油、菜籽粕、白糖、棉纱、苹果、动力煤、甲醇、精对苯二甲酸（PTA）、玻璃、铁合金等，品种体系覆盖农业、能源、化工、建材和冶金等国民经济重要领域。大商所目前已上市的期货品种有玉米、玉米淀粉、黄大豆1号、黄大豆2号、豆粕、豆油、棕榈油、鸡蛋、纤维板、胶合板、线型低密度聚乙烯、聚氯乙烯、聚丙烯、焦炭、焦煤、铁矿石等。大商所、郑商所已经成为全球农产品交易中心和价格发布中心。

在2020年全球农产品、金属和能源类品种的成交量排名中，中国农产品期货品种表现得尤其亮眼，包揽成交量排行榜前10名，在前20名中占有14席，包括豆粕、棕榈油、玉米、豆油、菜籽粕、鸡蛋、白糖、棉花、菜籽油、橡胶、苹果、黄大豆1号、纸浆期货和豆粕期权。随着期货市场体量的高速增长，我国交易量较大的主要农产品期货，如棉花期货、大豆期货等均已实现价格发现功能，同时农产品期货也已成为涉农企业等经济主体进行农产品价格风险分散与对冲的重要金融工具。

二、农产品期货交易案例

（一）套期保值交易

套期保值指买入（卖出）与现货市场数量相当，但交易方向相反的期货合约，以期在未来某一时间通过卖出（买入）期货合约补偿现货市场价格变动带来的实际价格风险。

套期保值交易的基本做法是：在现货市场和期货市场对同种类商品同时进行数量相等但方向相反的买卖活动，即在买进或卖出实货的同时，在期货市场上卖出或买进同等数量的期货，一段时间后，当价格变动使现货买卖上出现盈亏时，可由期货交易上的亏盈得到抵消或弥补。从而在"现"与"期"之间、近期和远期之间建立一种对冲机制，以使价格风险降低到最低限度。

为了更好地实现套期保值的目的，在进行套期保值交易时，必须坚持"均等相对"的原则："均等"指进行期货交易的商品必须和现货市场上将要交易的商品在种类上相同或相关、数量上相一致；"相对"就是在两个市场上采取相反的买卖行为，如在现货市场上买，在期货市场上则要卖，反之则相反。应选择有一定风险的现货交易进行套期保值，如果市场价格较为稳定，则无须进行套期保值。进行保值交易需支付一定费用，比较净冒险额与保值费用，最终确定是否要进行套期保值。

按照在期货市场上所持的头寸，套期保值可分为卖出套期保值和买入套期保值。卖出套期保值（又称空头套期保值）是在期货市场中出售期货，用期货市场空头保证现货市场的多头，以规避价格下跌的风险。通常为农场主、农产品加工企业等生产者和仓储业主等经营者所采用。

案例分析：5月白糖生产厂与饮料厂签订8月销售100吨白糖的销售合同，价格按市价计算，当时白糖现货价为每吨4 820元，8月白糖期货价为每吨4 600元。糖厂担心价格下跌，于是卖出100吨白糖期货。8月时，现货价跌至每吨4 000元，该公司卖出100吨现货，每吨亏损820元；同时，期货价格跌至每吨3 780元，该公司买进100吨期货平仓，每吨盈利820元。两个市场的盈亏相抵，有效地防止了白糖价格下跌的风险。

买入套期保值（又称多头套期保值）是在期货市场购入期货，用期货市场多头保证现货市场的空头，以规避价格上涨的风险。通常为加工商、制造业者和经营者所采用。

案例分析：某小麦加工厂3月计划两个月后购进100吨小麦，当时的现货价为每吨1 560元、5月期货价为每吨1 600元。该厂担心价格上涨，于是买入100吨小麦期货。5月时，现货价上涨至每吨1 590元，而期货价为每吨1 635元。该厂于是买入100吨小麦现货，每吨亏损30元；同时，卖出100吨小麦期货平仓，每吨盈利35元。两个市场的盈亏相抵后实际每吨价格降低5元，相比不做套期保值交易，价格波动由30元降低到5元，有效地防止了小麦价格上涨的风险。

（二）投机交易

在期货市场上纯粹以牟取利润为目的而买卖标准化期货合约的行为，被称为期货投机。"投机"一词用于期货、证券交易行为中，并不是"贬义词"，而是"中性词"，指根据对市场的判断，把握机会，利用市场出现的价差进行买卖，从中获得利润的交易行为。投机者可以"买空"，也可以"卖空"。投机的目的很明确，就是获得价差利润，但投机是有风险的。

投机是期货市场中必不可少的一环，其经济功能主要有如下四点：（1）承担价格风险。期货投机者承担了套期保值者力图回避和转移的风险，使套期保值成为可能。（2）提高市场流动性。投机者频繁地建立交易部位，对冲手中的合约，增加了期货市场的交易量，这既使套期保值交易容易成交，又能减少交易者进出市场所可能引起的价格波动。（3）保持价格体系稳定。各期货市场商品间价格和不同种商品间价格具有高度相关性。投机者的参与，促进了相关市场和相关商品的价格调整，有利于改善不同地区价格的不合理状况，有利于改善商品不同时期的供求结构，使商品价格趋于合理；并且有利于调整某一商品对相关商品的价格比值，使其趋于合理化，从而保持价格体系的稳定。（4）形成合理的价格水平。投机者在价格处于较低水平时买进期货，使需求增加，导致价格上涨；在较高价格水平时卖出期货，使需求减少，这样又平抑了价格，使价格波动趋于平稳，从而形成合理的价格水平。

1. 买空投机。某投机者判断某月的棉花价格趋涨，于是买入10张合约（每张5吨），价格为每吨14 200元，后来棉花期货价格上涨到每吨14 250元，于是按该价格卖出10张合约。获利：（14 250元/吨 - 14 200元/吨）×5吨/张×10张 = 2 500元。

2. 卖空投机。某投机者认为11月的小麦价格会从目前的1 300元/吨下跌，于是卖出5张合约（每张10吨）。后小麦期货价格下跌至1 250元/吨，于是买入5张合约，获利：（1 300元/吨 - 1 250元/吨）×10吨/张×5张 = 2 500元。

（三）套利交易

套利是指期货市场参与者利用不同月份、不同市场、不同商品之间的差价，同时买入和卖出两张不同的期货合约以从中获取风险利润的交易行为。它是期货投机的特殊方式，丰富和发展了期货投机的内容，并使期货投机不仅仅局限于期货合约绝对价格的水平变化，更多地转向期货合约相对价格的水平变化。

套利分为跨期套利、跨市套利、跨商品套利、原料与商品套利及利用现货与期货的价差套利等类型：（1）跨期套利又称跨月套利，是利用同一商品不同交割月份合约之间的价差进行交易并在出现有利变化时对冲而获利的。其交易特点主要体现为"两个相同"和"两个不同"，即交易的期货商品相同、买进或卖出的时间相同；期货合约的交割月份不同、两个期货合约的价格不同。跨期套利属于套期图利交易中最常用的一种，实际操作中又分为牛市套利（买空套利）、熊市套利（卖空套利）和蝶式套利。（2）由于跨市套利是在两个期货交易所买进和卖出相同交割月份的期货合约，并利用可能的地域差价来赚取利润，因此，交易者必须考虑不同条件下影响市场间价差的重要因素。通常，跨市交易既可在国内交易所之间进行，也可在不同国家的交易所之间进行。若是前者，应注意运输费用的高低、不同交易所合约价值和交割等级的各自规定等影响价差的因素；若是后者，则还应关注两国货币汇价的变动，以防范期货合约价格和外汇汇价变动引发的双重风险。（3）跨商品套利指利用两种具有高度替代性或受相同供求因素影响的期货商品合约存在的价差进行交易。主要特点是：商品期货合约不同，但相互关联性较大（如小麦和玉米之间的价格变化趋势相关性很大），两种商品期货的交割月份相同。

🖱 延伸阅读 5 – 1　美国利用农产品期货市场的主要做法

美国政府、农业生产者、贸易商和企业对期货市场的运用可以总结为以下五种形式：（1）政府将期货价格作为制定价格政策、信贷政策的重要参考。（2）政府将农业补贴政策与期货（期权）市场相结合，实现了财政直补向市场机制的转变。（3）农业生产者直接或间接参与期货市场分散风险，提高了自身的竞争力和生存能力。（4）贸易商和企业参考期货价格或直接套期保值来制订采购和销售计划，规避价格波动风险，降低经营成本。（5）金融机构与期货市场合作，典型模式如"期货＋银行"和"期货＋保险"（见图5－1）。

从价格信息的利用来看，美国农产品期货价格之所以能够被政府参考作为制定价格政策的标准，在于其农产品期货市场经过多年发展，期货价格信息已渗透到生产、贸易、国家宏观调控、进出口政策等领域，很多品种甚至成为国际市场价格形成标准，如美国大豆、玉米品种。农业生产者利用前瞻性的期货价格信息可以合理安排种植品种和规模，并及时把握恰当的销售时机，保证收益。贸易商和企业把农业政策与期货市场相结合，使美国政府有效地解决了财政补贴负担过重的问题。通过对购买期权的农户的权利金支出进行补贴（或提供低息贷款），以市场方式有效保证了农民收入，并将低效的财政补贴政策转变成以市场方式进行调节的机制，降低了生产者对政府扶持的依赖程度。

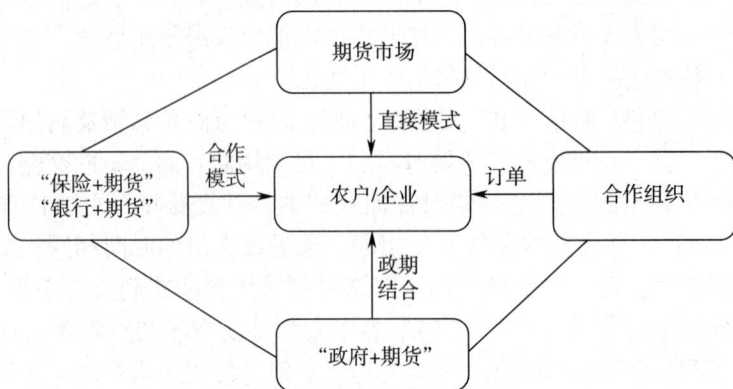

图 5-1　美国利用期货市场服务农业产业的不同形式

农场主参与和利用期货市场有直接和间接两种形式。直接利用包括直接参考期货价格进行生产决策和进入期货市场套期保值，直接利用期货市场套期保值的比例在 8%～25%，涉及品种有玉米、小麦、棉花、其他田间作物、牛肉和猪肉、乳制品、家禽等。间接利用指通过订单形式销售产品，由合作组织进入期货市场套期保值以规避风险，订单签订有 4 种常用方式：远期交货合同、固定基差合同、最低卖价合同和最高买价合同。

美国的银行将参与期货市场套期保值作为银行给农场主或企业发放贷款的重要审查指标，以便降低贷款风险。此外，银行还充分利用期货市场开发出标准仓单质押贷款、套期保值贷款等贷款品种，并设计出以期货期权相关品种为标的的理财产品。美国收入保险通过与期货市场相结合来规避价格波动风险。农户或者农场购买收入保险产品，当面临收入损失时由保险公司提供赔偿，有效保证了收益稳定，而保险公司通过期货市场风险对冲来规避面临的理赔风险。

资料来源：王燕青，武拉平. 国外农产品期货市场发展及在农业发展中的应用 [J]. 世界农业，2017 (5).

思考题：根据图 5-1，解释农产品期货市场服务农业产业的可能路径有哪些。

✍ 思考题

1. 期货市场的主要功能有哪些？
2. 简述期货市场的架构构成。
3. 简述期货合约的概念及主要条款。
4. 简述期货交易的概念、种类、特点。
5. 期货交易的结算有哪些方式？
6. 简述我国农产品期货市场的发展历程。
7. 简述套期保值交易的分类和基本做法。

第六章
农村信用担保
NONGCUN XINYONG DANBAO

中国农村资金供给长期不足，而处于弱势地位的农民、农业、农村又迫切需要资金，资金供求矛盾突出。如果在农村金融体系中引入完善的信用担保体系，将在一定程度上缓解农村资金供求不平衡的问题。本章将重点学习担保的基本原理和中国农村信用担保体系的构建。

第一节　信用担保概述

一、担保的概述

（一）担保的含义及性质

担保是指当事人根据法律规定或者双方约定，为促使债务人履行债务实现债权人的权利的法律制度。担保通常由当事人双方订立担保合同。担保活动应当遵循平等、自愿、公平、诚信的原则。

担保一般具有附属性、选择性和保障性。附属性是指担保的从属性，担保行为从属于主债务行为，进而担保合同成为附属合同。选择性指担保行为不是必须进行的，即《中华人民共和国民法典》中虽然规定了担保制度但并未规定当事人必须通过担保方式完成主经济行为。保障性是指担保行为的根本目的是保障主合同的履行，是一项保障措施。

（二）担保的标的

担保的标的物范围广泛，包括动产、不动产、无形资产及有价证券等。

（三）担保的方式及范围

根据法律规定，担保分为保证、抵押、质押、留置、定金五种。

1. 保证。保证是指保证人与债权人约定，当债务人不履行债务时，保证人按照约定履行债务或者承担责任的行为。

保证担保范围：主债权及利息、违约金、损害赔偿金和实现债权的费用。保证合同另有约定的，按照约定。当事人对保证担保的范围没有约定或者约定不明确的，保证人应当对全部债务承担保证责任。

2. 抵押。抵押是指债务人或者第三人不转移财产的占有，将该财产作为债权的担保。

抵押担保范围：主债权及利息、违约金、损害赔偿金和实现抵押权的费用。抵押合同另有约定的，按照约定。

3. 质押。质押是指债务人或者第三人将其动产移交债权人占有，将该动产作为债权的担保。

质押担保范围：主债权及利息、违约金、损害赔偿金、质物保管费用和实现质权的费用。质押合同另有约定的，按照约定。

4. 留置。留置是指债权人按照合同约定占有债务人的动产，债务人不按照合同约定的期限履行债务的，债权人有权按照《中华人民共和国民法典》规定以该财产折价或者拍卖、变卖该财产以优先受偿。

留置担保范围：主债权及利息、违约金、损害赔偿金、留置物保管费用和实现留置权的费用。

5. 定金。定金是指当事人约定一定的金额作为经济行为的保障，但不得超过主合同标的额的 20%。

定金担保范围：主债权及利息、违约金、损害赔偿金和实现债权的费用。

二、担保合同

（一）担保合同的含义

担保合同是指为促使债务人履行其债务，保障债权人的债权得以实现，而在债权人和债务人之间，或在债权人、债务人和第三人之间协商形成的，当债务人不履行或无法履行债务时，以一定方式保证债权人债权得以实现的协议。担保合同旨在明确担保权人和担保人之间的权利、义务关系，保障债权人的债权得以实现。

（二）担保合同的特征

1. 从属性。担保合同的从属性是指担保合同的成立和存在必须以一定的合同关系的存在为前提。担保合同的订立目的是保障所担保的债务履行，保护交易安全和债权人利益。担保合同的从属性主要表现在以下四个方面：一是成立上的从属性，即担保合同的成立应以相应的合同关系的发生和存在为前提，而且担保合同所担保的债务范围不得超过主合同债权的范围。二是处分上的从属性，即担保合同应随主合同债权的移转而移转。三是消灭上的从属性，即主合同关系消灭，为其所设定的担保合同关系也随之消灭。四是效力上的从属性，担保合同的效力依主合同而定，担保合同的订立时间，可以是与主合同同时订立，也可以是主合同订立在先，担保合同随后订立。

2. 补充性。担保合同的补充性是指合同债权人所享有的担保权或者担保利益。担保合同的补充性主要体现在以下两个方面：一是责任财产的补充，即担保合同一经有效成立，就在主合同关系的基础上补充了某种权利义务关系，从而使保障债权实现的责任财产得以扩张，或使债权人就特定财产享有了优先权，增强了债权人的债权得以实现的可能性。二是效力的补充，即在主合同关系因适当履行而正常终止时，担保合同中担保人的义务并不实际履行，只有在主债务不履行时，担保合同中担保人的义务才履行，使主债权得以实现。

3. 相对独立性。担保合同的相对独立性，是指担保合同尽管属于从合同，但也具有相对独立的地位，即担保合同能够相对独立于被担保的合同债权而发生或者存在。担保合同的相对独立性主要表现在以下两个方面：一是发生或存在的相对独立性，即担保合同也是一种独立的法律关系。担保合同的成立，和其他合同的成立一样，须有当事人的合意，或者依照法律的规定而发生，与被担保的合同债权的成立或者发生分属于两个不同的法律关系，受不同的法律调整。二是效力的相对独立性，即依照法律的规定或者当事人的约定，担保合同可以不依附于被担保的合同债权而单独发生效力，此时，被担保的合同债权不成立、无效或者失效，对已经成立的担保合同的效力不产生影响。此外，担保合同有自己的成立、生效要件和消灭的原因，而且担保合同不成立、无效或者消灭，对其所担保的合同债权不产生影响。

（三）担保合同的主要类型及其内容

担保合同因担保方式的不同分为四种类型，即保证合同、抵押合同、质押合同和定金合同。留置也是重要的担保方式，但行使留置权无须签订合同，因此没有留置合同。担保合同可以是单独订立的书面合同（包括当事人之间具有担保性质的信函、传真等），还可以是主合同的担保条款。抵押合同中，必须办理抵押物登记的，自抵押物登记之日起生效；自愿办理抵押物登记的，自合同签订之日起生效。质押合同自质物移交于质权人占有时生效。定金合同自实际交付定金之日起生效。

担保合同的内容实际表达为合同双方当事人的权利义务关系。在现有的担保合同中，分为人的担保和物的担保两类。在人的担保即保证中，担保权是一种债权性的请求权，属债权范围；而在物的担保中，则是一种物权性的优先受偿权，故也称为担保物权，两者间的效力存在明显差异。与此相对应，担保义务人的义务在人的担保中属于债务，而在物的担保中则属于物权负担。各类担保合同内容如下。

1. 保证合同。保证合同内容包括：被保证的主债权种类、数额；债务人履行债务的期限；保证的方式；保证担保的范围；保证的期间；双方认为需要约定的其他事项。保证合同不完全具备前述规定内容的，可以补正。

2. 抵押合同。抵押合同内容包括：被担保的主债权种类、数额；债务人履行债务的期限；抵押物的名称、数量、质量、状况、所在地、所有权权属或者使用权权属；抵押担保的范围；当事人认为需要约定的其他事项。抵押合同不完全具备前述规定内容的，可以补正。

3. 质押合同。质押合同内容包括：被担保的主债权种类、数额；债务人履行债务的期限；质物的名称、数量、质量、状况；质押担保的范围；质物移交的时间性；当事人认为需要约定的其他事项。质押合同不完全具备前述规定内容的，可以补正。

（四）合同无效的原因

合同无效是指已经生效的担保合同因为特定原因的发生而导致原有合同效力的丧失。担保合同无效一般是由于合同三要素中的主体、客体和内容出现了违法或者违约情况从而导致合同失去效力。一是主体违法，当事人是无行为能力人或限制行为能力人；保证人资格不合法；法律规定的其他情况。二是客体违法，抵押财产是担保法禁止的；抵押或质押财产是赃物或遗失物。三是内容违法，如债权人以欺诈、胁迫的手段或者乘人之危而使担保人在违背真实意思的情况下的担保是无效的。担保合同无效的法律后果为返还财产、赔偿损失，必要时还可以要求追缴财物。

三、反担保

（一）反担保的含义及其要件

反担保又称为求偿担保、偿还约定书或反保证书，是指为保障债务人之外的担保人将来承担担保责任后对债务人的追偿权的实现而设定的担保。在债务清偿期届满，债务人未履行债务时，由第三人承担担保责任后，第三人即成为债务人的债权人，第三人对其代债务人清偿的债务，有向债务人追偿的权利。

反担保一般需要具备以下条件才能成立：一是第三人先向债权人提供了担保，才能有权要求债务人提供反担保；二是债务人或债务人之外的其他人向第三人提供担保；三是只有在第三人为债务人提供保证、抵押或质押担保时，才能要求债务人向其提供反担保；四是须符合法定形式，即反担保应采用书面形式，依法需办理登记或移交占有的，应办理登记或转交占有手续。

（二）反担保的方式

反担保的担保方式包括保证、抵押、质押。具体举例如下。

1. 房产抵押反担保。房产抵押反担保是被担保人或第三人即抵押人以其依法取得的房地产证、有完全处分权的房产抵押给保证人的一种反担保方式。房产抵押应依法在房产管理部门办理抵押登记手续。

2. 国有土地使用权抵押反担保。国有土地使用权抵押反担保指被担保人或第三人以其取得相应权利证书的土地使用权依法抵押给保证人的一种反担保方式。土地使用权抵押应依法在土地管理部门办理抵押登记手续。

3. 机器设备抵押反担保。机器设备抵押反担保是指被担保人或第三人以其合法所有的设备依法抵押给保证人的一种反担保方式。抵押设备必须权属清晰，有较高价值，易变现，购买发票等票据齐全且与设备型号相符。一般设备抵押应依法在市场监督管理局办理抵押登记。海关监管设备应经海关批准后抵押给特定的抵押权人并办理相应的抵押登记。

4. 自然人保证反担保。自然人保证反担保是指保证人和债权人约定，当债务人不履行债务时，保证人按照约定履行债务或者承担责任的一种反担保方式。自然人保证分为一般保证和连带责任保证，用于反担保的自然人保证限于连带责任保证。作为反担保的保证人应是具有清偿债务能力的完全民事行为能力的自然人且主要为被担保人的主要股东、法定代表人、主要经营者或其他与被担保人有密切关系的个人。

5. 股权质押反担保。股权质押反担保是指被担保人以企业的股权依法质押给保证人的一种反担保方式。股权质押应依法在市场监督管理局办理质押登记。

6. 存单质押反担保。存单质押反担保是被担保人或第三人将其合法持有的存单质押给保证人的一种反担保方式。存单质押应在存单所在银行办理核押手续。

7. 存货质押及仓单质押反担保。存货质押及仓单质押反担保是被担保人或第三人将其合法所有的存货或仓单依法质押给保证人的一种反担保方式。

8. 专利权质押反担保。专利权质押反担保是指被担保人或第三人将其合法所有的专利权质押给保证人的一种反担保方式。专利权质押应依法在国家知识产权局办理质押登记。

9. 商标权质押反担保。商标权质押反担保是指借款人或第三人将其合法所有的商标权质押给保证人的一种反担保方式。商标权质押应依法在市场监督管理局办理质押登记。

10. 企业保证反担保。企业保证反担保是指被担保人的关联企业和被保证人约定，当被担保人不履行债务时，关联企业按照约定承担连带清偿责任的一种反担保方式。作为保证人的反担保企业应经审核并具有较好的债务清偿能力。

11. 出口退税款账户监管及质押反担保。出口退税款账户监管及质押反担保是指出口企业即被担保人与保证人、银行就出口退税款账户签订监管协议并且将退税账户中的出口退税款质押给保证人的一种反担保方式。

12. 应收账款账户监管及质押反担保。应收账款账户监管及质押反担保是被担保人与保证人、银行就应收账款账户签订监管协议并且将应收账款账户中的款项质押给保证人的一种反担保方式。

13. 特许经营权收费账户监管及质押反担保。特许经营权收费账户监管及质押反担保是被担保人与保证人、银行就特许经营收费账户签订监管协议并且将账户中的款项质押给保证人的一种反担保方式。特许经营权收费账户监管及其质押反担保应获得特许经营权相关主管部门的确认。

14. 林权抵押反担保。林权抵押反担保是被担保人或第三人将其合法取得的可用于抵押的林地使用权抵押给保证人的一种反担保方式。林权抵押需到当地政府林业主管部门办理抵押登记手续。

15. 股权零价格转让/回购反担保。股权零价格转让/回购反担保是被担保人在担保期间，将其股东持有的部分股权以零价格转让给保证人的一种反担保方式。保证人担保责任解除后，将以零价格将股权转回被担保人原股东方。股权零价格转让/回购反担保的目的在于进入被担保人的股东会，影响其决策机制，防止被担保人出现侵害保证人权益的行为。

（三）反担保的作用

1. 维护担保人的利益。反担保是维护担保人的利益，保障其将来可能发生的追偿权得以实现的有效措施。这是其最直接的作用。

2. 有助于担保关系的设立。反担保有助于本担保关系的设立。谨慎的第三人在为债务人向债权人提供担保时，尤其是在担保人与债务并无紧密的利益关系或隶属关系且对其承担担保责任后追偿权能否实现怀有疑虑的情况下，往往会要求债务人提供反担保。这时，有无反担保措施，即直接影响到本担保的设定，若无反担保，第三人可能因顾及自身利益而拒绝为债务人提供担保。现实生活中，银行、担保公司等金融机构为债务人提供保证担保时，几乎无例外地都要求有反担保，其他担保人为减免风险而要求债务人提供反担保的情况也日渐增多。

3. 有利于经济行为的完成。反担保能够作为一种调剂手段，根据情况和需要与本担保精微地结合，为复杂情况下担保关系的建立提供便利。债务人自己有财产可供抵押、质押的，一般可直接向债权人提供担保，但债权人出于某种原因不愿接受：如希望在债务人不能清偿债务时能够便捷地从保证人处获得金钱偿付；避免抵押物登记或质押物运输、保管等方面的麻烦；担忧担保物日后处理不便，而折价给自己又无使用价值等。在这种情况下，即需要由第三人向债权人提供让其满意的保证担保，再由债务人向保证人提供反担保，反担保与本担保恰当搭配、榫合联结以满足当事人的各种需要，维系交易安全并避免担保之风险。

（四）反担保与担保的关系

1. 反担保与担保的联系。反担保中的债权人为原本担保人；反担保是以原担保有效存在为前提的；反担保仅限于约定担保；反担保所担保的实际是原本担保人的追偿权。由于原本担保人的追偿权是在一定条件下才出现的，因此反担保所担保的是属于未来的债权。担保适用的原则、方法、标的物、担保物种类均适用于反担保。

2. 反担保与担保的区别。反担保与担保的区别主要体现在担保对象上。担保合同的担保对象是主合同债权人对债务人的债权，所担保的是债务人对债权人之债务的履行、债权人的债权的实现。反担保的担保对象则是担保人对被担保人的追偿权。

四、再担保

（一）再担保的含义

再担保是一种特殊的担保形式，是担保人的担保，是指担保人将其担保的债务向另一担保人分出以减轻自身担保风险的行为。当担保人不能独立承担担保责任时，再担保人将按合同约定比例向债权人继续剩余的清偿，以保障债权的实现。双方按约定承担相应责任，享有相应权利。再担保人享有主担保人享有的一切抗辩权，同时也享有专属于再担保人的抗辩权。再担保人在承担再担保责任之后享有向债务人和主担保人的追偿权。

（二）再担保的方式

1. 固定比例再担保。固定比例再担保是由担保人和再担保人约定，对在一定担保责任限额内的业务，担保人将全部同类担保业务都按约定的同一比例向再担保人进行再担保，每项业务的担保费和发生的损失，也按双方约定的比例进行分配和分摊。

2. 溢额再担保。溢额再担保是由担保人将其超过预定限额的担保责任向再担保人进行再担保，或由担保人和再担保人共同对被担保人担保，由再担保人承担超过担保人预定限额的担保责任，对每一项业务的担保费和发生的损失也按双方承担的比例进行分配和分摊。

3. 联合再担保。联合再担保是指对于数额较大的或超过担保人规定担保能力较多的单项担保业务，经协商一致，可由省市担保机构共同与被担保人签订委托保证协议，共同与银行签订保证合同，双方按各自承担责任的比例承担相应的权利和义务。

（三）再担保的条件

再担保作为一种特殊的担保方式，其设定必须符合以下条件：一是以主担保存在为前提。再担保的设定必须以主债权之上已设定担保为前提，这是再担保设立的对象条件。二是再担保人必须是主担保人之外的人。三是再担保的设立需要当事人明确约定。

第二节 我国农村信用担保体系

我国农村金融发展相对滞后，金融机构对农村资金需求主体高风险的判断是农村资金供给不足的重要原因，而完善和发展农村信用担保体系能较好地缓解农村资金供需矛盾。但农村信用担保体系的构建、资金来源和制度设计比较复杂。党中央、国务院高度重视农村信用担保体系建设，近年来建立了由政府支持的农业信贷担保体系，并鼓励商业性信用担保机构积极参与支持"三农"发展。

一、农村信用担保的作用

（一）有效解决农村抵押品不足问题

农村资金需求主体抵押品不足是普遍存在的问题，即使有些抵押品能够满足金融机构的需要，抵押品变现的成本也比较高或不易变现。我国农村土地属于集体所有，农村土地和房屋产权不完整[①]，因此，农村资金需求主体因缺乏满足金融机构需要的抵押品而很难从金融机构获得贷款。信用担保能够替代抵押品，满足农村资金需求主体从正规金融机构获得贷款的需要。

（二）降低金融机构成本

农村资金需求主体主要包括农户和农村中小企业。由于农户居住分散、生产项目随意性大，农村中小企业经营规模小、财务不规范，金融机构的贷款成本比城市资金需求者的贷款成本更高。引入信用担保机构后，农村金融机构信贷成本可以降低，主要体现在两个方面：一是降低业务费用。信用担保机构为资金需求者提供担保，信息收集、资信评估和项目评估等工作由担保机构完成，为银行等金融机构发放贷款节约了成本。二是降低风险管理成本。担保具有分散风险的功能，银行等金融机构面临的授信对象的信用风险转移到了担保机构，其贷后风险管理成本也转移给了担保机构，成本明显降低。

---

① 近年来，我国基本完成了农村土地和房屋的确权，农村土地承包经营权和宅基地房屋产权在符合条件的情况下可办理抵押贷款。

二、我国农村信用担保机构的类型

我国农村信用担保机构主要有两种类型：政府主导型信用担保机构和互助型信用担保机构。商业性担保机构在农村金融市场开展担保业务一般由政府进行专项资金补贴。

（一）政府主导型信用担保机构

由于农村金融市场风险高，而商业性担保机构具有逐利性的要求，因此当前我国农村信用担保机构主要以政府主导型为主。政府主导型信用担保机构又分为两类：政策性信用担保机构和政府推动性商业担保机构。

1. 政策性信用担保机构。政策性信用担保机构是政府出资办理担保业务的担保机构。政策性信用担保机构由政府出资，采用企业或事业法人方式经营，享有独立的经营权。担保公司管理人员由政府派出或者政府工作人员兼任。政策性信用担保机构服务"三农"，以农业产业政策为导向，以新型农业经营主体的农户和涉农企业为主要服务对象，通过担保基金对农户和涉农企业提供农业贷款信用担保。政策性信用担保机构不以营利为目的，通过规范运作，在保本的基础上实现增大资产、扩大担保数额的目的。政府出资设立担保机构是财政支农的有效手段，有利于提高财政资金利用效率，也是财政实现资源配置、资金分配、产业结构调整等宏观调控功能的途径。

2. 政府推动性商业担保机构。政府推动性商业担保机构是政府通过市场出资、参股的方式引导担保机构为农村金融市场提供担保服务。政府出资或参股对担保公司进行风险补偿和市场化运作。政府规定担保公司对农村资金需求主体提供担保。担保公司自主决定担保对象、反担保方式、合作银行和合作方式，自行控制风险，实现盈利。

（二）互助型信用担保机构

互助型信用担保机构包括两类：一类是资金需求者的互助合作担保，另一类是担保机构的合作。农村资金需求者由于普遍缺乏抵押和担保品，商业担保机构不愿意提供担保服务。而农村资金需求者通过共同出资组建担保公司或者担保基金，为组织内部成员的信贷行为提供集体担保，增强了成员信贷获得能力。这是典型的资金需求者的互助合作担保。担保机构的合作一般是通过担保协会。协会成员可以是资金需求者、规模较小的合作担保机构、商业担保机构及其他机构部门，通过组建新的担保公司或者担保基金，起到扩大担保能力的作用。

三、我国主要的农村信用担保模式

（一）政府组建、政策性运作模式

此类担保机构由政府财政拨款组建，采取政策性方式运作，附属于政府相关职能部门。该模式的优点是可以通过政府行政力量的干预迅速组建农村信用担保组织，并较快投入运作，充分体现政府意志；不足之处是容易产生不恰当的行政干预，排斥市场机制的作用。因此在实践中可能会产生以下后果：一是容易导致以服务为宗旨的农村信贷担保机构实际运作的行政化倾向，脱离农村实际，服务难以为农村经济主体所获得；二是完全以政府信用作担保不仅会增强农户或农村中小企业主恶意逃废债的动机，还可能导

致金融机构放松贷款的事后监督，反而使贷款风险增加；三是若经营不当可能形成呆账、坏账，成为政府财政负担。

（二）政府组建、市场化运作模式

这种模式是以政府出资为主、民间筹资为辅组建担保机构，担保机构具有独立法人资格，突出为当地农业和农村经济发展服务的目的，按商业化运作，按照保本微利的原则经营。该模式在世界其他国家或地区的实践中比较常见，同时国内部分农村地区也有类似实践。该模式可以缓解政府财政压力，又能体现政府的支持作用，同时通过引入外部民间资本，还可以增强农村担保机构运作的透明度，提高运行效率。该模式是否能够健康运行，一方面，取决于政府的行为是否规范，政府部门不能通过其"垄断"力量过度干涉担保机构运营，侵害民间资本利益；另一方面，这种模式若要健康运行还需要具备有效的激励机制以解决经营中的多重委托代理关系问题。

（三）社会化组建、商业化运作模式

这种模式是以农村中小企业主、个体工商户和较富裕的农村居民为主进行出资，以市场化手段组建担保机构。担保机构具有独立法人地位，产权明晰、职责分明，采取商业化运作方式，以营利为目标。该模式完全通过市场化运作，更容易提高农村金融市场效率。但如前所述，在农业产业弱质特性明显、农村中小企业利润率不高且生命周期短的条件下，外部风险高且资金回报率低的为农民服务的担保机构难以吸引投资者的参与。因此，这种商业化运行、效率高的担保模式还难以在目前的农村信贷融资市场中大范围推广。

（四）互助合作型运作模式

这种模式是由农户或农村中小企业为解决自身融资难题而成立的互助性担保机构，这种担保机构不以营利为目的，主要服务于会员。与商业性、政策性担保相比，这种担保模式以向组织成员提供服务为目标，追求社区或社会效益。

四、我国农业信贷担保体系的构建

党中央、国务院高度重视农村信用担保体系建设，初步构建了全国农业信贷担保体系。全国农业信贷担保体系是一个具有"财政＋金融""政府＋市场"属性特征的政策性金融工具，是对财政支农方式的创新，以放大财政支农政策效应，提高财政支农资金使用效益，化解农业农村发展"融资难""融资贵"问题。

2016年5月6日，国家农业信贷担保联盟有限责任公司成立，这是经国务院批准同意组建的政策性担保机构，是全国农业信贷担保体系在国家层面的实体机构。国家农业信贷担保联盟有限责任公司作为体系的"龙头"，不以营利为目的，在坚持自身信用和可持续发展的基础上，实行政策性主导、专业化管理、市场化运作，旨在统一担保业务标准、强化系统风险控制、规范农业信贷担保体系建设，更好地发挥担保的经济助推器功能和财政资金的"四两拨千斤"作用，将更多金融资源引入农业农村发展领域，推动粮食结构调整和农业适度规模经营，促进农业发展方式转变，助力乡村振兴战略的实施。国家农业信贷担保联盟有限责任公司股东包括财政部和全国省级农业信贷担保机

构，主要经营范围涵盖再担保业务；票据承兑担保、债券担保等融资性担保业务；与担保业务有关的融资咨询、财务顾问等中介服务；以自有资金进行投资。

国家农业信贷担保联盟有限责任公司的主要职责如下：一是落实国家农业支持政策，制定公司再担保业务标准，为省级公司政策性业务提供再担保服务，根据省级公司的业务发展和风险控制水平，制定合理的再担保责任比例和再担保费率；报经财政部批准，在再担保业务框架内建立面向省级公司的风险救助机制。二是为省级公司提供业务指导和规范指引，研究并支持省级公司开发农业信贷担保产品和服务，扩大信贷支持农业的规模和覆盖面。三是与银行等金融机构开展总对总的战略合作并促进在省级层面的协调落实，推动银行等金融机构扩大政策性担保业务规模、降低贷款利率。四是组织全国农业信贷担保专业人才培养和人员培训，支持省级公司培养造就一支扎根农村、熟悉市场、"懂农业、爱农村、爱农民"的基层农业信贷担保工作队伍。

截至 2018 年末，全国农业信贷担保体系累计新增担保项目 32 万个，金额 1 144 亿元，相较于注册资本金，政策效能放大 2.14 倍。各省级农业信贷担保公司积极探索设计符合本省特点和新型农业经营主体需求的担保产品，深受当地农民欢迎，农业"融资难""融资贵"问题开始得到缓解，政策性效果逐步显现。国家农业信贷担保公司稳步推进对省级农业信贷担保公司的再担保业务，充分发挥为省级农业信贷担保公司分险增信的作用，对符合"双控"标准的在保项目应担尽担。

截至 2018 年末，33 家省级农业信贷担保公司共设立分支机构 1 520 家（其中自设分支机构 548 家，与地方政府或其他金融机构合作设立 972 家业务网点），共有专职员工 2 457 人（其中分支机构专职员工 1 499 人），对全国 1 050 个主要农业县的业务覆盖率达到 90% 以上，已建成上下联动、紧密可控的农业信贷担保网络体系。

✎ 思考题

1. 什么是担保？农村信用担保有哪些功能？
2. 什么是反担保？反担保的作用有哪些？
3. 什么是再担保？再担保主要有哪些方式？
4. 我国农村信用担保机构有哪些类型？

第七章
农村典当与租赁
NONGCUN DIANDANG YU ZULIN

在我国农村金融体系中，典当与租赁业务发展较缓慢，但在一些特定的领域或场所发挥了重要作用。典当业在我国社会经济发展中的地位日益提升，在满足小微企业融资需求方面发挥了不可替代的作用，已成为我国多元化融资体系和现代服务业中不可或缺的组成部分。在我国农村金融供给不足的情势下，典当是农村中小企业及民营经济最有效的辅助性融资渠道，是广大城乡居民方便快捷的融资平台。近年来，我国融资租赁业务领域覆盖面不断扩大，融资租赁市场渗透率显著提高，成为企业设备投资和技术更新的重要手段，融资租赁业市场规模和竞争力水平位居世界前列。租赁业务具有融资与融物相结合的特点，因此在促进农村使用先进的机具设备提高农村生产率和确保信贷资产安全等方面发挥着独特作用。

第一节　农村典当业务

一、典当的含义

典当是指当户将其动产、财产权利作为当物质押或者将其房地产作为当物抵押给典当行，交付一定比例费用，取得当金，并在约定期限内支付当金利息、偿还当金、赎回当物的行为。典当是间接融资，本质上是一种质押或抵押贷款。典当是人类社会经济生活中多种融资方式中的一种。

二、典当的特点

典当作为一种特殊的融资方式，在经营过程中体现出下列特点。

（一）融资性

这是典当首要的特点，即典当的功能性特点。它表现为典当是一种融资手段。当户可以采用典当方式，以借贷为基础，以质押为条件，将当物移转典当机构占有，从而换取当金，达到融通资金的目的。

（二）单一性

这是典当最重要的特点，即典当的专有性或排他性。它表现为典当作为一种特殊质押，在实践中只担保货币之债，不担保实物之债。典当机构与当户之间形成典当这种特殊的质押担保关系，目的在于制约典当双方之间以金钱为标的的债权债务关系，而不是其他。

（三）商业性

这是典当十分显著的特点，即典当的经营性特点。它表现为典当的经营主体——典当机构，作为反复运用典当方式的独立的企业，营利必然且应当成为它所追求的目标。与此同时，典当过程中典当机构在对收当物进行鉴定、评估、作价、保管、保险和对死当物变价、处分等诸多环节上，亦包含着明显的商业内容。

（四）小额性

这是典当区别于其他金融借贷行为的特点，即典当放款方面的业务性特点。它表现为典当机构向当户发放当金的数额往往较小，通常远小于银行等金融机构的贷款数额。

（五）短期性

根据《典当行管理办法》的有关规定，典当的最短期限是五天，不足五天按五天计算，最长期限为六个月。典当到期后，五天内，客户可以选择赎当，也可以根据自己需要选择续当。但过期不赎成为绝当后，典当行则有权获得该当物的所有权或以该当物变价而优先受偿。

三、典当的类型

（一）应急型典当

当户融资的目的是应付突发事件，如天灾人祸、生老病死等。这类当户以广大普通社会公众居多。应急型典当很受欢迎，属于大众融资渠道之一。

（二）投资型典当

当户融资的目的是从事生产或经营，如做生意用钱、投资项目调头寸等。这类当户通常是个体老板、一些中小企业。他们往往利用手中闲置的物资、设备等，从典当行押取一定量的资金，然后投入到生产或经营中，将死物变成活钱，利用投融资的时间差，获得明显的经济效益。

（三）消费型典当

当户融资的目的既不为应急也不为赚钱，而纯粹是为了满足某种生活消费需求，如出差路费、旅游费用等。

在典当实践中，由于地区经济发展水平不同、当户结构及需求状况不同，因此应急型典当居多，投资型典当其次，消费型典当较少。

第二节　农村租赁业务

一、租赁及其主要业务方式

租赁是指在约定的期间内，出租人将资产使用权让与承租人以获取租金的行为。融资租赁和经营租赁是现代租赁业中最常见的两种业务方式。

融资租赁又称金融租赁，是指租赁的当事人约定，由出租人根据承租人的决定，向承租人选定的第三者（供货人）购买承租人选定的设备，以承租人支付租金为条件，将该物件的使用权转让给承租人，并在一个不间断的长期租赁期间内，出租人通过收取租金的方式，收回全部或大部分投资。出租人和承租人可以约定租赁期届满后租赁物的归属。对租赁物的归属没有约定或者约定不明确的，租赁物的所有权归出租人。

融资租赁业务是现代租赁业的代表，已成为成熟市场国家重资产行业的重要融资工具之一。根据国际会计准则定义，一项融资租赁交易指的是出租人将随附于某一项资产所有权的全部风险与报酬都实质性地转移给承租人的租赁交易。融资租赁的两大典型特征为：租赁资产的所有权与使用权分离；融资与融物相结合。

经营性租赁是一种短期租赁形式，指出租人向承租人短期出租设备，并提供设备保养服务，租赁合同可中途解约，出租人需反复出租才可收回对租赁设备的投资。

在融资租赁发展基础上，经营性租赁是租赁行业的重要交易方式创新。与融资租赁不同，经营性租赁仅转移了该项资产的使用权，而与该项资产所有权有关的风险和报酬却没有转移，仍然属于出租方，承租企业只按合同规定支付相关费用，承租期满的经营租赁资产由承租企业归还出租方。由于资产相关的收益和风险没有实现完全转移，故经营性租赁没有记入出租方的资产负债表，具有表外融资的灵活优势。

二、融资租赁业务的种类

（一）简单融资租赁

简单融资租赁是指由承租人选择需要购买的租赁物件，出租人通过对租赁项目进行风险评估后出租租赁物件给承租人使用。在整个租赁期间承租人没有所有权但享有使用权，并负责维修和保养租赁物件。出租人对租赁物件的质量不负任何责任，设备折旧在承租人一方。

（二）回租融资租赁

回租融资租赁是指设备的所有者先将设备按市场价格卖给出租人，然后又以租赁的方式租回原来设备的一种方式。回租租赁的优点在于：一是承租人既拥有原来设备的使用权，又能获得一笔资金；二是由于所有权不归承租人，租赁期满后根据需要决定续租还是停租，从而提高承租人对市场的应变能力；三是回租租赁后，使用权没有改变，承租人的设备操作人员、维修人员和技术管理人员对设备很熟悉，可以节省时间和培训费用。设备所有者可将出售设备的资金大部分用于其他投资，把资金用活，而少部分用于缴纳租金。回租租赁业务主要用于已使用过的设备。

（三）杠杆融资租赁

杠杆融资租赁的做法类似银团贷款，是一种专门从事大型租赁项目的有税收好处的融资租赁，主要是由一家租赁公司牵头作为主干公司，为一个超大型的租赁项目融资。首先成立一个脱离租赁公司主体的操作机构——专为本项目成立的资金管理公司，该公司提供项目总金额 20% 以上的资金，其余部分资金来源则主要是吸收银行和社会闲散游资，利用 100% 享受低税的好处"以二博八"的杠杆方式，为租赁项目取得巨额资金。其余做法与融资租赁基本相同，只不过合同的复杂程度因涉及面广而随之增大。由于可享受税收好处、操作规范、综合效益好、租金回收安全、费用低，一般用于飞机、轮船、通信设备和大型成套设备的融资租赁。

（四）委托融资租赁

委托融资租赁包括两种方式，第一种方式是拥有资金或设备的人委托非银行金融机构从事融资租赁，第一出租人同时是委托人，第二出租人同时是受托人。这种委托租赁的一大特点就是让没有租赁经营权的企业，可以"借权"经营。电子商务租赁即依靠委托租赁作为商务租赁平台。第二种方式是出租人委托承租人或第三人购买租赁物，出租人根据合同支付货款，又称委托购买融资租赁。

（五）项目融资租赁

承租人以项目自身的财产和效益为保证，与出租人签订项目融资租赁合同，出租人对承租人项目以外的财产和收益无追索权，租金的收取也只能以项目的现金流量和效益来确定。出卖人（租赁物品生产商）通过自己控股的租赁公司采取这种方式推销产品，扩大市场份额。通信设备、大型医疗设备、运输设备甚至高速公路经营权都可以采用这种方法。

（六）国际融资转租赁

租赁公司若将从其他租赁公司融资租入的租赁物件，再转租给下一个承租人，这种业务方式称为融资转租赁，一般在国际间进行。这种业务操作过程同简单融资租赁过程无太大区别。出租方从其他租赁公司租赁设备的业务过程，由于是在金融机构间进行的，在实际操作过程中，只是依据购货合同确定融资金额，在购买租赁物件的资金运行方面始终与最终承租人没有直接的联系。在做法上可以很灵活，有时租赁公司甚至直接将购货合同作为租赁资产签订转租赁合同。这种做法实际是租赁公司融通资金的一种方式，租赁公司作为第一承租人不是设备的最终用户，因此也不能提取租赁物件的折旧。转租赁的另一功能就是解决跨境租赁的法律和操作程序问题。

三、融资租赁业务的特点

融资租赁业务的特点主要有以下五个方面。

（1）租赁物由承租人决定，出租人出资购买并租赁给承租人使用，并且在租赁期间内只能租给一个企业使用。

（2）承租人负责检查验收制造商所提供的租赁物，对该租赁物的质量与技术条件出租人不向承租人作出担保。

（3）出租人保留租赁物的所有权，承租人在租赁期间支付租金而享有使用权，并负责租赁期间租赁物的管理、维修和保养。

（4）租赁合同一经签订，在租赁期间任何一方均无权单方面撤销合同。只有租赁物毁坏或被证明为已丧失使用价值的情况下方能中止执行合同，无故毁约则要支付相当重的罚金。

（5）租期结束后，承租人一般对租赁物有留购和退租两种选择，若要留购，购买价格可由租赁双方协商确定。

✍ 思考题

1. 什么是典当？典当有哪些特征？
2. 什么是租赁？租赁最常见的业务形式有哪些？
3. 什么是融资租赁？融资租赁有哪些常见的业务种类？

第八章
农村民间金融
NONGCUN MINJIAN JINRONG

第一节　农村民间金融概述

一、农村民间金融的定义

民间金融，又称民间贷款、私人贷款、地下金融或非正式金融，是指那些为民间经济融通资金的所有非政府管理下的资金活动，包括个人之间、企业之间的借贷行为，各种基金的融资，地下钱庄，甚至洗钱、资金和外汇黑市交易等各种方式的金融行为。其中，洗钱、资金和外汇黑市交易等行为是现行制度法规明确规定不容许的行为，它们既不能适应市场经济发展的客观要求，又容易造成金融经济秩序的混乱，应该坚决打击和取缔。除此之外的其他民间金融行为，虽然生存在正规制度之外，但却是能够适应市场与经济发展客观需求的金融行为，就金融法规与制度安排而言，它们属于"灰色地带"的金融行为。

农村民间金融是满足农村经济发展需要的一种有效的融资机制，能够促进农村经济的发展，它既是一个国家的现实问题，又是一个理论问题。虽然理论界对农村民间金融进行了一定的研究，但对民间金融的内涵尚未形成统一的观点。亚洲发展银行的定义为：不受政府对于资本金、储蓄和流动性、存贷利率限制、强制性信贷目标以及审计报告等要求约束的金融部门。

二、农村民间金融的特点

近年来，我国民间资本在农村经济、民营经济和社会发展进程中扮演着越来越重要的角色，对民营经济的资金需求起到了巨大的支持作用，具体呈现出以下特征。

（1）社区性。农村民间金融活动发生于农村社区，基于一定的地缘、血缘、业缘关系而成立。

（2）区域性。交易活动的活跃程度与区域的金融生态发展有关，在民营经济发达的地区，资金需求旺盛，民间融资规模大。

（3）分散性。农村民间金融发生于数以亿计的农村经济主体之间，交易的频率高、金额小，高度分散。

（4）层次性。经济落后地区以民间借贷为主，经济发达地区已经出现了较为规范的民间金融组织，农村民间金融与农村经济的发展状况相呼应，层次分明。

三、农村民间金融的产生与发展

（一）农村民间金融产生的原因

1. 农村资金需求出现空缺。在当前城乡一体化发展中，资金已经成为一个重要的制约因素。小企业和家庭企业在起步阶段或遇到资金周转困难的时候，或农民进入非农产业时，往往得不到有效的资金支持，在很大程度上制约了现代农村经济的发展。在解决农村资金不足的问题上，有两种选择：一是加强正规金融的服务，对现有农村金融机构进行改革，增加其贷款和储蓄能力；二是发挥民间金融的作用，促进有序民间金融市场的形成。农村原本就是正规金融资源相对匮乏的地区，随着工商银行等四大银行的商业化改革，农村的许多经营网点被撤销，正规金融资源更加稀少，金融资源供给明显不足；而农业、农民、农村因其所处的弱势地位，往往更加需要金融支持。这种供需上的极度不均衡，催生了民间金融，民间金融最先在农村产生，并迅速发展起来。

2. 农村经济主体的投资需求不能得到充分的满足。正规的农村金融体系存在金融压抑，不能满足农村经济主体因发展经济而产生的对金融服务的需求，这为农村民间金融的发展留下了广阔的生存空间。此外，正规金融机构的低利率使得越来越多的农民不再把存款储蓄作为首选，为了获得更大的收益，资金持有者会倾向于把资金投到回报率更高的地方，这种趋利性就为民间金融提供了大批的资金来源。

3. 民间金融的优势比较明显。就金融服务需求而言，无论是农户还是农村中小企业，都存在着巨大的金融服务需求，但他们很难向银行提供合格的抵押物来获得贷款，而民间金融中借贷双方能够绕过政府法律法规以及金融机构关于最小交易数额的限制。由于借贷双方居住的地域相近并且接触较多，因此担保品的管理和处置成本相对较低，不被正规金融机构当作担保品的财物仍可作为担保品。就金融服务供给而言，我国农村金融市场存在正规金融机构单一化、垄断化、服务供给能力弱、服务覆盖面窄等缺点。在广大的农村金融市场，正规金融服务难以有效地发挥作用，农户的信贷需求主要依赖于非正规金融。

4. 农村民间金融已形成一套自己独特的风险防范机制。农村中的民间金融大部分是在乡村近邻、亲朋好友等社会小团体的基础上建立起来的，大家彼此熟悉，因此，贷款人对借款人的资信、收入情况、还款能力等相对比较了解，这就避免或减少了由于信息不对称所带来的"呆款烂账"。同时，对这些重要信息的获得也无须成本，主要通过人们的衣食住行等非正式的渠道来了解客户的信息，其内容远比正规信息系统充实、丰满。

（二）农村民间金融的发展

中国农村民间金融的发展有着深厚的历史渊源，早在西周时期就已经出现，并一直发展到近代。早期的农村民间金融是基于最基本的借贷需求而产生的。那些需要资金流的农户从资金剩余农户那里获得借款，并支付一定的利息作为报酬，这种早期的农村民间金融在农户之间起到了调剂资金余缺的作用。

新中国成立后，由于中国优先发展重工业的战略计划使得国家垄断经济资源，将经济资源大部分投入到重工业，抑制了农村民间金融的发展。此外，由于在新中国成立初期，中国实行计划经济管理体制，公有制经济占据主导地位，农户严格按照指令进行生产，也严重阻碍了农村民间金融的发展。

改革开放以后，中国农村民间金融的发展经历了三个阶段。

1. 农村民间金融管理宽松时期（1978—1993 年）。改革开放初期，由于在农户中实行家庭联产承包责任制，有效地调动了农民的积极性，广大农户劳动生产率提高，收益不断增加。一部分农户在生产过程中拥有资金剩余，一部分农户由于扩大再生产需要资金，但由于当时农村正规金融机构提供贷款的有限性，只能满足少部分农户的贷款需求，因而需要资金的农户转而寻求民间借贷，向那些在生产过程中有资金剩余的农户借款。在这一时期，政府为支持商品经济的发展，对农村民间金融的存在采取较为宽松的政策，放松管制，默认甚至允许非正规金融组织的存在，并出台了相关文件。得到政府的支持后，农村民间金融在这一时期得到了快速的发展。

2. 农村民间金融严格管理时期（1993—2006 年）。随着政府放松对农村民间金融的管制，农村民间金融也暴露出巨大的风险。因而在这一时期，政府出台了一系列政策规范农民的融资行为，打压非正规金融组织。"未经国务院银行业监督管理机构批准，擅自设立商业银行构成犯罪的，依法追究刑事责任，并由国务院银行业监督管理机构予以取缔。" 1996 年，国务院出台了《关于农村金融体制改革的决定》，提出整顿农村合作基金会的举措。人民银行规定：除部分小额信贷、不计息的亲友借款之外，其他非正规金融组织或活动均属非法。

3. 农村民间金融面临重大发展机遇（2006 年至今）。2006 年 12 月 20 日，中国银行业监督管理委员会发布了《关于调整放开农村地区银行业金融准入政策　更好支持社会主义新农村建设的若干意见》。其中明确规定，允许境内外银行资本、产业资本和民间资本到农村地区投资、收购、新设银行业金融机构。这表明中央政府正在逐渐放宽对农村民间金融的管制，农村民间金融的发展正面临着巨大的机遇。如何引导农村民间金融走向更阳光的发展道路，已成为中国亟须思考和解决的问题。

第二节　农村民间金融的形式

一、农村合作基金

农村合作基金最早是一种新型社会保障组织，后演变为农村合作基金会。农村合作基金会是合作制集体经济组织，从性质上看，农村合作基金会并非真正意义上的金融机构，而是一个社区性金融系统的补充形式。1983 年，一些乡村为有效地管理、清理和整顿集体积累资金，将集体资金由村或乡管理并有偿使用而设立基金会；1984—1986 年处于萌发阶段；1987—1991 年处于改革试验阶段，逐步得到政府和有关部门的鼓励与支持；自 1992 年以来，基金会处于推广和稳步发展阶段，1995 年以前，在各地农业行政主管部门的批准下，全国各地的农村相继建立了农村合作基金会，有区级的、乡镇级的、村级的。

基金会筹集资金的渠道主要有：

（1）集体积累资金，即向农民收缴的各项统筹提留资金。如水利费、土地使用费、公路养护费、民兵训练费、文教卫生科技服务费等。

（2）农业发展资金，即上级拨付或捐赠的支农建设资金。

（3）农户入股资金。

（4）代管资金，即财政拨给乡（镇）事业单位的经费收入、各项罚款或收入。

这些资金主要用于乡（镇）、村办企业，农业基本建设，农户种养殖业，农户生活困难救济等。

农村合作基金会的存在，在一定程度上缓解了正式金融体制下资金供给不足的矛盾，有利于农村经济的发展，但大多数农村合作基金会的运作都违背了互助的宗旨，把农村合作基金会变成了办理存贷业务的第二个农村信用社，由于普遍的高息吸存和内部管理混乱，农村合作基金会很快出现了大面积的兑付风险。农业部农村改革试验区办公室"农村合作金融"课题组在全国范围内的调查发现，绝大多数农村合作基金组织并没有在当地的工商部门进行登记、注册，也没有获得相应的营业执照，其法人地位并未得到法律的认可（有些地方在处理法律问题上把其当作自然法人）。按民法通则的规定，合作基金组织已基本符合获取法人地位的条件。法人地位不确立，其经济行为就必然会受到限制，既不能照章纳税，也不能受到法律的保护。1999 年 1 月，为规范金融市场、整顿金融秩序，国务院发布 3 号文件，正式宣布全国统一取缔农村合作基金会。但目前个别地区依然存在极少量的农村合作基金会组织，只是经营方式已由以前的公开转为"地下"。

农村合作基金会在其存在的历史阶段，一方面，填补了基层农村金融体制断层，其业务主要是面向小农户的小额信贷服务，能够以灵活的金融活动来弥补行社之不足；另一方面，从近些年的实践经验来看，只有在农村合作基金会发展较好的地方，高利贷才能被抑制。然而，在其发展的过程中，政府对它进行了过多的行政干预，且由于缺乏完善的监管机制，导致凭关系、"走后门"的情况时有发生，农村合作基金会的功能被严重扭曲。农村合作基金会是一个完整走完产生、发展、灭亡全过程的大型民间金融机构，对其进行分析可以带给我们许多经验和教训。

二、合会

合会是各种金融会的通称。这是在我国有着较为悠久历史的民间金融形式，是一种基于血缘、地缘关系的带有互动、合作性质的自发性群众融资组织。在国外称为"轮转基金",在国内包括轮会、标会、摇会等。虽然名称多种多样,具体运作也各不相同,但本质上都是入会成员之间的有息借贷。合会是民间盛行的一种互助性融资形式,集储蓄和信贷于一体。合会一般由若干人组成,他们约定每隔一段时间召开一次会议,每次筹集一定的资金,轮流交给会员中的一人使用,基本不以营利为目的。其中,事先固定使用次序的称为"轮会",按照抽签方式确定使用次序的称为"摇会",以投标方式决定使用次序的属于"标会"。这些合会一般以地缘、人缘、血缘为纽带,处于地下状态。

合会的名目虽多,但都遵循着一套简单规则,即一个自然人作为会首,出于某种目的(比如孩子结婚上学、造房子、买生产原料等)组织起有限数量的人员,每人每期(如每月、每两月、每季、每半年、每年,等等)交纳约定数额的会钱,每期有一个人能得到集中在一起的全部当期会钱(包括其他成员支付的利息),并分期支付相应的利息。谁在哪一期收到会钱,以抽签或者对利息进行投标等方式来确定。

在我国,就规模而言,融资数额较大的合会多分布在经济较为发达的东南沿海地区,尤以浙江、福建为多。福建福安市的一个合会涉及金额25亿元,参与者达65万人。合会融资规模之大,由此可见一斑。而有10多万人口的浙江奉化溪口镇,2000年一年财政收入为1亿元左右,在银行的各项存款为10多亿元,民间游资竟有4亿至5亿元的规模。

合会是农村金融运作中一种比较普遍的形式。合会适合于流动性较弱的熟人社会,它依靠非正式的社会关系、信任关系,还依赖非正式的制裁机构,比如社会排斥。在一般情况下,会员不选择诉诸法律而是对违反标会还款规定的会员进行社会排斥。只有在大规模"倒会"现象出现后,农民才不得不诉诸法律。

三、民间借贷

民间借贷有广义和狭义之分。广义的民间借贷是各种民间金融的总称,狭义的民间借贷指民间个人之间的借贷活动。民间金融活动总体而言是无组织的金融活动。按利率高低划分,民间借贷有三种形式,即友情借贷(白色借贷)、灰色借贷(中等利率水平借贷)和黑色借贷(高利贷)。狭义的民间借贷一般较分散、隐蔽,利率高低不一,借款形式不规范,管理难度大,其中黑色借贷风险较大。

农村民间借贷的形式大致包括以下三种情形:一是口头约定型。这种情况大多是在亲戚、朋友、同乡、同事、邻居等熟人之间进行,他们完全依靠个人间的感情及信用行事,无任何手续,一般数额较小,而且双方关系密切。二是简单履约型。这种借贷形式较为常见,大多仅凭一张借条或一个中间人即可成交。一般数额不是很小或双方关系不十分密切,借款期限的长短、借款利率的高低,凭双方关系的深浅而定。三是高利贷型。个别富裕农户将资金以高于银行的利率借给急需资金的农户或企业,从而获取高额回报。

民间借贷的资金筹集是多方面的。一般而言,一个民间放贷人本身有余款,加之放贷人信誉较好，亲友或其他人会将钱交予放贷人，以获得高于银行存款利息的利息收入，而放贷人则会将钱贷出，以获得利差。这些民间放贷人具有半机构化的特点。民间借贷机构一般都有较好的信用，大面积的"倒会"只是例外情况。很多民间金融都需要一种信任机制，因参与者相互比较熟悉，互相信任，流动性不大，即使出现问题，也有非正规的制裁机制，即所谓的社会排斥。

在农村，民间借贷者多为农民。他们有大量的金融需求，有些非金融需求（如大病住院等本属社会保障的需求）也需要通过金融来解决，因为他们没有其他的资金来源。诸如生病、建房等大事件都需要通过亲友或民间借贷来借款；购买生产工具等小生产活动也需要借款。近年来，随着国家宏观调控和利率政策调整的影响，民间借贷市场更趋活跃，民间借贷这种古老的直接融资形式，在我国农村地区仍然有着巨大市场。尤其是在湖北、江西等"三农"问题比较突出的省份，以及浙江、江苏等民营经济相对发达的地区，受税费改革、金融改革和宏观调控等因素影响，一度有所缓和的民间借贷又活跃起来，且规模庞大。

四、私人钱庄

私人钱庄是没有经过审批所设立的类似银行的金融机构，以吸收存款的形式来发放贷款。私人钱庄分为两类：一类主要涉及从事外汇买卖业务的私人钱庄或者窝点的运作；另一类涉及"非法集资"或"发放高利贷"。中国人民银行于 2002 年 1 月 31 日发布《关于取缔地下钱庄及打击高利贷行为的通知》，专门提及在部分农村地区民间信用活动活跃，高利借贷现象突出，甚至出现了专门从事高利借贷活动的私人钱庄。从事融资和高利借贷的私人钱庄在 20 世纪 80 年代开始活跃，90 年代末出现转折。国务院于 1998 年 7 月 13 日发布《非法金融机构和非法金融业务活动取缔办法》，宣布了一系列机构属于非法金融机构，私人钱庄逐渐地下化。

在温州等地的经济金融活动中，私人钱庄甚至占据着相当重要的地位。20 世纪 80 年代温州就出现了地下钱庄，第一家公开亮相的方兴钱庄于 1984 年挂牌营业，由当地政府批准，实行利率市场化。后来，由于在本地营业的国有商业银行分支机构的反对，人民银行经过调查后，将其列为不合法经营，被迫转入地下运作数年后停业。当时，考虑到方兴钱庄在当地的影响，如予以强制取缔，肯定会因造成客户的损失而带来社会的混乱。于是，人民银行允许在钱库镇的营业银行和信用社也实行利率浮动，改变了以往的服务方式，钱库镇成为由人民银行总行批准的在全国率先进行利率改革的试点地区。方兴钱庄在这种竞争环境下于 1989 年正式关闭。后来，其他类似的私人钱庄均以非法金融机构名义被取缔。

五、民间集资

民间集资盛行于 20 世纪 80 年代，在相当程度上满足了当时非公有制经济，特别是民营经济起步阶段对资金的需求，对民营经济的崛起和快速发展发挥了重要作用。大规模的集资，特别是规模较大的公募资金，没有经过批准是不受法律保护的。在农村，有少数大户、专业户和有一定规模的乡镇企业都有可能产生对大规模资金的需要，从而出现民间集资的情况。集资包括生产性集资、公益性集资、互助合作办福利集资等，具体包括入股投资、专项集资、联营集资和临时集资等。但由于民间集资风险大，而且被认定为扰乱了农村金融秩序，一般都受到抑制。民间集资形式的创新夹杂着对风险的漠视以及欺诈的骗局，不时在一些地区引发社会震荡。它与1997年亚洲金融危机后强化的监管意识相结合，刺激政府加大了治理非法集资的力度。

1998年4月，国务院颁布了《非法金融机构和非法金融业务活动取缔办法》，提出了"变相吸收公众存款"的概念，同时设置了"未经依法批准，以任何名义向社会不特定对象进行的非法集资"的兜底条款，极大地扩展了监管机关的权限空间，为其监管执法行为增加了更多的灵活性，使一些游走于不同监管机关的权力边界之间的集资形式创新重新回到监管的框架内。

六、小额信贷

以农村扶贫为中心的小额信贷活动，一直没有被纳入中国人民银行的监管，部分为准正式金融，部分为非正式金融，部分则为正式金融机构的一项创新性金融工具。为解决我国落后地区人口的贫困问题和弥补扶贫政策的缺陷，我国自20世纪80年代初开始引进并推行农村小额信贷扶贫模式。我国的农村小额信贷借鉴了孟加拉国"乡村银行"模式，在操作上采用"政府＋银行＋扶贫合作社"三线一体的运作模式，政府直接、主动地参与是我国农村小额信贷的一个突出特征。同农村金融市场和信贷扶贫政策相比，我国的农村小额信贷采用小组信贷、整贷零还、小额连续放款和提供技术服务等基本制度，坚持"有偿使用、小额短期、整贷零还、小组联保、滚动发展"的原则，并指导帮助贫困农户发展生产，增加收入，摆脱贫困，实现经济可持续发展。为达到上述目的，相关小额信贷机构开发、研究了一整套严格的组织、管理规章制度和办事程序，并建立了一支训练有素且自愿致力于小额信贷工作的队伍。

中国农村小额信贷分为五类：第一类为项目小额信贷，有项目期限，许多属于国际或者外国机构援助类小额信贷项目，是中国人民银行监管领域之外的金融活动；第二类为政府实施的小额信贷扶贫项目，即扶贫贴息贷款；第三类为非政府组织的专业性小额信贷；第四类为正规金融机构操作的小额信贷业务，是政府要求农村信用社、农业银行对农户和农村微型企业发放的小额信用贷款或小组联保贷款，属于正规金融机构的一种金融工具；第五类如茅于轼所创办的山西临县"龙水头村民互助基金会"，是一种试验性项目。

小额信贷在我国迅速发展，目前已有多个省份按此方式投放扶贫资金数亿元，取得了令人惊叹的成绩。小额信贷在我国扶贫开发项目中取得了很大成绩，但也存在一些不足和局限，主要表现在：小额信贷只解决了向贫困农户提供小额金融服务的问题，却不能涵盖农村中最贫困、没有创收或创收能力不强的那部分贫困户；小额信贷机构目前还只能向他们的贷款户提供技术服务和培训；由于可用于小额信贷的资金有限和不允许突破最高借贷限额的规定，小额信贷本身很难产生规模效应；小额信贷的生存和可持续发展不仅要做到资本的保值，更重要的是使资本增值，有些技术问题有待解决。尽管存在诸多问题，小额信贷仍不失为微型金融服务中由"救济式扶贫"向"开发式扶贫"转变的一次革命性的政策转变，是实现"国家八七扶贫攻坚计划"的一项重大战略举措，是贫困地区解决温饱进而脱贫致富奔小康最终实现共同富裕的重要途径。

小额信贷已被实践证明是一种有效的扶贫模式，其科学的运作方式和严格的管理制度保证了小额信贷能够达到较高的还款率。小额信贷的主要作用是为农村贫困人口提供信贷服务，是当前不尽完善的农村金融体系的必要补充，其在实现不同区域扶贫目标方面的重要作用是其他农村正规金融和非正规金融难以替代的。

延伸阅读 8-1　非法集资与民间融资的界定

民间融资是指自然人、法人或其他组织之间，在不违反法律规定的前提下发生的借贷行为，是为了生产经营需要，解决资金短缺的合法民事行为。非法集资犯罪则是破坏金融秩序或以非法占有为目的的刑事犯罪行为。两种行为性质截然不同，绝不能混为一谈。是否向社会不特定对象募集资金，是区分非法集资和民间借贷的重要界限。公安机关将积极配合有关部门，进一步阐法释理，形成非法集资不受法律保护的共识，坚决防止将非法集资犯罪等同于民间借贷，坚决防止非法集资活动蔓延发展。

以下六个领域的非法集资风险尤其要注意关注和防范。

一是民间借贷诱发的非法集资案件在一些地区或行业仍会高发。

从近几年的发案情况看，民间借贷越是活跃，非法集资的案件越是高发。在当前企业融资需求旺盛、民间资金较为充裕、社会投融资政策积极宽松，而相关规范引导不尽完善的环境下，民间借贷在一些地区或行业诱发非法集资案件的风险仍然较大。

二是一些中介机构参与非法集资，风险集聚。

目前社会上各种中介机构种类繁多、数量很大，但监管缺失或不足，在很大程度上可以说是无序发展、恶性竞争，助长了民间融资乱象，积聚了很大的非法集资风险。一些中介机构以高额回报为诱饵非法吸收公众资金，用于投资或转借给他人，牟取不法利益。这种行为隐患很大，一些地方的风险已经集中暴露。

三是农业专业合作社类非法集资风险开始上升。

近年来全国农业专业合作社发展迅猛，在促进农村农业发展、农民致富方面发挥了积极重要的作用，但有的农业专业合作社背离办社宗旨，专门从事吸收农民资金和放贷等业务，甚至进行异地吸金和放贷，进行非法集资，直接损害了农民利益，影响了农村发展与稳定，甚至可能引发严重的社会问题。

四是网络借贷诱发非法集资将成为新的案件高发点。

近几年网络借贷迅猛发展，但目前尚无明确的法律规范和规定，该领域的非法集资风险快速积聚，应及时加强有效规范和引导，防止网络借贷领域成为非法集资"重灾区"。

五是股权投资领域非法集资活动一直比较活跃。

近年来，股权投资领域非法集资新发案件虽有减少，但陈案风险很大。据不完全统计，全国有 50 余家私募股权企业涉嫌非法集资，涉案金额逾 160 亿元，参与人数超过 10 万人。

六是银行业金融机构个别工作人员涉嫌非法集资风险显现。

银行业金融机构个别工作人员打着单位旗号、利用职务之便涉嫌非法集资，严重影响了银行声誉和正常经营活动。尽管目前案件数量很少，但风险及影响不容忽视。

第三节　农村民间金融的监管和创新

一、农村民间金融存在的问题

（一）利率风险

利率风险是指由于利率水平的变化引起金融资产价格的变化而可能带来的损失。民间金融的显著特点之一就是其利率与正规金融的利率不同，其利率高于正规金融利率，并且随着资金供求关系波动，高利率已成为民间金融的特色，但是过高的利率就是风险产生的根源。从借方考虑，获得资金后的收益必须足够支撑支付的利息，利率高，那么资金必须投入到利息更高的行业中，伴随该收益的必然是高风险，因此加大了金融风险。无论如何，民间借贷的利率应是市场化的，市场化利率是目前世界各国银行追求的一个目标，民间借贷更应该发挥其市场导向的优势。但是，民间借贷的利率水平大致在 10% 或更高的水平，这与现行银行体系的利率水平存在较大差异。在不远的将来，两套金融体系之间互相补充、彼此分割的状况将有所变化，在相当程度上，彼此之间将形成某种程度上的竞争。从历史和现实来分析，民间借贷的利率常常因无管制而导致市场混乱，从而引发社会问题。

（二）农村民间金融容易产生经济纠纷

农村民间金融往往有两种主要形式：一是口头约定型。这种情况大多是在亲戚、朋友、同乡、同事、邻居等熟人中进行，他们完全靠个人的感情及信用行事，无任何手续。二是简单履约型。这种借贷形式较为常见，双方只是简单地履行手续，大都是仅凭一张借条或一个中间证明人即认可借贷行为。贷款期限或长或短，借款利率或高或低，视双方关系的深浅而定。民间借贷的债权人或者碍于情面不好意思获取必要的证明手续，或者以获得高额利息为目的，缺乏对借款对象的审查和对借款用途的有效监督。而借款人由于急需用钱，不考虑利率高低，自己负担能力如何，只顾及能够获得借款。结果往往是债权人不能按期收回资金或者根本无法收回，债务人不能按时归还借款，从而引发债权、债务纠纷。

（三）农村民间金融给国家宏观调控带来困难

民间借贷自发性、不可控性的特点，削弱了国家宏观调控的效果，不利于信贷结构和产业结构的调整。农村民间金融随着规模的扩大、参与人数的增加，使得信息不对称性日益严重。往往一些用途不明、效益不高、不符合国家产业政策的投资项目，无法从正规金融机构获得资金后，非正规金融便为其融通资金，使国家的调控效果大打折扣。正规金融机构的资金价格由国家确定，而民间借贷的利率是双方自发商定的，两种定价方法存在天然矛盾。民间借贷大多是在资金需求紧张、银行无法解决的情况下发生的，基本上是卖方市场，利率水平通常畸高，民间借贷形成的货币流量也难以预测和控制。由于目前对民间借贷活动的监督机制还不完善，一方面导致部分民间借贷演变为高利贷，给社会安定和经济发展带来不稳定因素；另一方面，民间金融的高风险、对政府宏观调控的干扰、与"黑色势力"的某种联系，都与民间金融机构的"地下性"有关。正是民间金融的"地下性"，使金融监管机构难以对其进行有效监管，这就增加了民间金融的风险，也使国家不了解民间金融的现状，从而影响政府宏观调控目标的实现。

（四）农村民间金融组织内部管理较为混乱

一些农村民间金融组织没有建立规范的内部控制制度，没有严格的财务管理及稽核制度，由于缺乏对每笔贷款贷前、贷中、贷后严格的调查，操作人员素质较低，在贷款者对借款者的信誉及贷款用途难以知晓及控制时，便会使农村民间金融风险加剧。一些民间金融机构从一开始就有先天的痼疾，脱离了中央银行的监管，业务经营不规范，如高息揽存、盲目贷款。同时，其筹资、信息处理、风险承担等能力低下，非正规金融机构不提取存款准备金和呆账准备金以抵御风险，经营风险较大。

（五）民间金融目前还难以得到法律的保护

虽然民间金融在我国古代就已经存在，但新中国成立以来政府对其发展经历了由禁止、打击到默认而不提倡的过程。即使是改革开放以后，民间金融也一直作为"地下经济"以灰色状态生存。目前虽已引起重视，但由于缺乏法律保障，民间借贷市场还处于"半地下"状态。在得不到法律有效保护的情况下，农村民间金融产权的保护只能通过私人来提供，诸如黑社会等非法组织往往会成为债权人的选择，从而带来社会不安定因素。

🖱 **延伸阅读8-2 温州民间融资法规实施 承认合会合法地位**

全国首部地方性金融法规《温州市民间融资管理条例》及《实施细则》于2014年3月1日正式实施，其中刚刚公布的实施细则，目前正在公开向社会征求意见。

在民间借贷方面，细则进一步明确了备案对象，这些都是与借贷公众的利益息息相关的。细则对自然人、非金融企业和其他组织之间发生的民间借贷这一行为的内涵和外延作出界定，将合会、企业内部集资纳入该项行为范畴，并对合会、企业内部集资的概念作出阐述：本细则所称合会是指会首邀请二人以上为会员，以互助为目的，互约交付会款及标取（投标获取）合会金的活动；本细则所称企业内部集资，是指除国有企业外的非金融企业或其他组织，未向社会公开宣传，仅在单位内部针对本单位职工集资用于本单位生产经营的活动。同时细则将期限为三个月以内的借款作为临时性调剂的一个判断标准。

资料来源：温州市民间融资管理条例［N］．温州都市报，2014－03－01．

二、农村民间金融的监管和创新

农村民间金融对农村经济发展的积极作用已得到广泛认可，但由于立法、监管的滞后，民间金融长期游离于国家金融监管体系之外，其经营管理不规范，尤其是其非法集资、高息揽存等行为，导致民间金融蕴藏着巨大的风险，严重扰乱了国家金融秩序，削弱了国家宏观调控力度。因此，在对民间金融进行鼓励、支持、引导的同时，必须对其消极作用加以限制。

（一）明确民间金融的地位，改善农村金融领域中二元结构的紧张与对立

民间金融的市场空间实际上取决于正规金融的市场空间，因为实际的金融需求是由经济活动所决定的。尊重民间金融，客观认识民间金融，注意学习和研究民间金融，依法对民间金融进行合理的引导和管理，可能更有利于正规金融和民间金融之间的合理竞争和良性互动。目前，我国农村金融领域二元结构比较明显，从规范我国农村民间金融的法律法规来看，民间金融与正规金融的关系是紧张的，而不是互补的，主要表现在：一是对农村民间金融一律限制甚至禁止。二是人为地将正规金融与民间金融对立起来。这种思想和做法本质上是对民间金融的一种歧视。要放弃用正规金融一统农村金融的设想，正确认识正规金融与民间金融对农村经济发展的互补作用。要有条件地允许民间金融合法化，为发展农民自主参与的各种民间金融提供良好的环境条件。从国外的经验来看，美国、日本等发达国家都曾通过使民间金融"合法化"的方式来规范民间金融，并取得了较好的成效。我们要积极鼓励正常的农村民间金融活动，给农村民间金融以合法的空间，以使规范意义的信用合作拥有温床和土壤：可出台监管部门授权规章，允许民间借贷在给定条件下合法存在，并将其纳入国家金融监管体系，从而扩大政府财政税收，严格限制和取缔不正常的农村民间金融组织。

（二）将农村信用合作社改造成真正的民间金融

在农村信用合作社的改革中，难免会产生各种矛盾和问题，甚至在短期内会影响经济的发展与稳定，我们必须坚持农村信用合作社支持和服务"三农"的制度特征，并通过相应的制度约束，保证其功能的实现。这些制度特征和约束至少应当包括：（1）立足于农村社区的金融组织；（2）组织的功能是聚集农村、农民和农户的资金，并通过金融手段在"三农"发展中进行配置；（3）这个组织应当使农民贷款尽可能地方便，并有内

在动力使其自觉并不可选择地在"三农"中寻求资金出路；（4）这是一个能够自动进化的、开放的和动态的制度安排，随着各地"三农"需求的变化而调整自己的组织结构和功能方向；（5）这个组织体系应当具备自我风险控制能力，并受相应的监管约束。通过一系列改革措施，力争将农村信用合作社改造成真正的合作金融组织，基本解决农户在农村信用合作社"贷款难"的问题。农村信用合作社的发展不仅需要自身转换经营机制，而且需要有一个良好的社会环境来支持。一项对广大人民有益的制度，也只有在其能给组织者、参与者带来切实的利益之时，才能够具有继续发展和完善的力量。农村信用合作社只有让广大农民享受到合作制的好处，才能获得广大农民的衷心支持，才能成为真正意义上的农村合作金融组织。农村合作金融可以较好地解决限于一个地方经济主体的资金互助，在金融服务方面奉行成员优先的原则。真正的合作金融体系是自下而上建立的，其中基层合作金融组织掌握经营决策权，上层机构一般为基层合作金融组织提供便利服务和开展基层合作金融组织共有的但又不能开展的某些业务。这也是合作金融体系的力量来源。合作金融也可以发展成为金融市场的支柱之一。

（三）加强对农村民间金融的规范管理

在鼓励民间金融发展的同时，要趋利避害，对与黑社会等非法组织结合，从事洗钱、炒卖外汇、高利贷等非法活动的民间金融组织予以坚决打击。金融监管部门要制定严格的管理规定，给予民间金融一定的法律地位，尤其要对自发形成的有组织的金融活动加强监管，避免"金融风波"，同时也要坚决保护合法的借贷活动，维护债权人的合法权益。要严把市场准入关，将优良的民间信贷机构吸纳为市场主体，不符合规定的则排除在外，以维护市场主体的质量。同时，建立市场退出机制，按照法律规定和市场原则实行破产，以保证中小金融机构健康高效地运行。要使农村民间金融活而不乱，实现发展、效率、稳定三者的最优结合，监管方式的科学化和调控方式的灵活有效是最为关键的一环。政府在对民间金融的监管中应该摆正自身的位置，以引导、监控为己任，而不是对其进行过多的干预。要从完善法律、制度、政策入手，在严格市场准入条件、提高准备金率和资金充足率及实行风险责任自负的情况下，引导和鼓励民营的小额信贷银行、合作银行、私人银行等多种形式的农村民间金融组织的健康发展，做到合法、公开、规范，并纳入农村金融体系加以监管，以增加农村金融的服务供给，满足"三农"多层次的融资需求。

（四）继续支持农村小额信贷机构发展

2005 年的"中央一号文件"中明确提出："有条件的地方，可以探索建立更加贴近农民和农村需要、由自然人或企业发起的小额信贷组织。"在农村金融服务体系不完备、农村资金大量外流的情况下，开展小额信贷成为当下丰富农村金融体系多层次格局、满足农村金融需求的必然之选。为了更好地发展小额信贷业务，主要应推进以下工作：（1）强化扶贫资金对农村小额信贷试验和发展的支持，划拨发展小额信贷专项资金，由小额信贷实施机构提出申请，经扶贫机构和资金管理部门审批同意后，用于补贴小额信贷工作经费或周转用于小额信贷的资本金。（2）鼓励独立的小额信贷专业非政府组织（NGO）开展小额信贷，形成金融部门和扶贫部门宏观管理和监控，专业 NGO 独立运作小额信贷的格局。稳定和发展一支小额信贷专业队伍，建立长期为农村贫困人口提供基本金融信贷服务的机制。(3) 利用小额信贷运作规范程度高、发展规模大、覆盖面增加的有利时机，探索建立扶贫银行的可能性；建立专业的机构，引入小组还款机制，促进信贷资金的良性运行。(4) 成立小额信贷行业协会。小额信贷在我国已经有十多年的时间，由于这些机构大多注册为社团组织，在金融操作方面并没有得到金融监管部门的许可，因此，这些机构大多各自为战，从事小额信贷的方法和内容也不尽统一。随着小额信贷的不断发展，有必要成立一个专门的协调机构，来协调和引导我国小额信贷的发展，这将有利于不同机构之间的交流和合作，规范小额信贷的运作，尽快结束小额信贷各自为战的局面。

（五）拓宽直接融资渠道，分流农村民间金融的资金

可以通过扩大企业债券发行、中小企业上市、开展股权融资等方式拓宽直接融资渠道，把更多的中小企业引入合法融资渠道；鼓励金融创新，推进商业票据、短期融资债券、金融衍生产品的发展；加强创业板市场的建设和完善，发展场外交易市场、柜台市场和无形市场，更多地引入境内外的风险投资机构；认定民营企业发行公司债券的资格，适当降低发债公司净资产额的限额规定，以综合指标确定企业的发债规模；发展投资基金和信托基金，引导民间资本投入基建、公益事业和其他生产领域。

思考题

1. 农村民间金融主要有哪些形式？
2. 简述农村民间金融的特征。

主要参考文献

1. 邹新阳. 农村金融学 [M]. 北京：科学出版社，2018.
2. 郭延安，陶永诚. 现代农村金融 [M]. 北京：中国金融出版社，2009.
3. 唐青生. 农村金融学 [M]. 北京：中国金融出版社，2014.
4. 王曙光，乔郁，等. 农村金融学 [M]. 北京：北京大学出版社，2008.
5. 董晓林. 农村金融学 [M]. 北京：科学出版社，2012.
6. 陈雪飞. 农村金融学 [M]. 北京：科学出版社，2007.
7. 何广文，李树生. 农村金融学 [M]. 北京：中国金融出版社，2008.
8. 张文远. 农村金融学 [M]. 北京：北京工业大学出版社，2014.

高职高专金融类系列教材

一、高职高专金融类系列教材

货币金融学概论	周建松			主编	25.00 元	2006.12 出版
货币金融学概论习题与案例集	周建松	郭福春等		编著	25.00 元	2008.05 出版
金融法概论（第二版）	朱　明			主编	25.00 元	2012.04 出版
（普通高等教育"十一五"国家级规划教材）						
商业银行客户经理	伏琳娜	满玉华		主编	36.00 元	2010.08 出版
商业银行客户经理	刘旭东			主编	21.50 元	2006.08 出版
商业银行综合柜台业务（第四版）	董瑞丽			主编	47.00 元	2021.07 出版
（国家精品课程教材·2006）						
商业银行综合业务技能	董瑞丽			主编	30.50 元	2008.01 出版
商业银行中间业务	张传良	倪信琦		主编	22.00 元	2006.08 出版
商业银行授信业务	王艳君	郭瑞云	于千程	编著	45.00 元	2012.10 出版
商业银行授信业务（第三版）	邱俊如	金广荣		主编	40.00 元	2020.09 出版
商业银行业务与经营	王红梅	吴军梅		主编	34.00 元	2007.05 出版
金融服务营销	徐海洁			编著	34.00 元	2013.06 出版
商业银行基层网点经营管理	赵振华			主编	32.00 元	2009.08 出版
商业银行柜面英语口语	汪卫芳			主编	15.00 元	2008.08 出版
银行卡业务	孙　颖	郭福春		编著	36.50 元	2008.08 出版
银行产品	彭陆军			主编	25.00 元	2010.01 出版
银行产品	杨荣华	李晓红		主编	29.00 元	2012.12 出版
反假货币技术	方秀丽	陈光荣	包可栋	主编	58.00 元	2008.12 出版
小额信贷实务（第二版）	凌海波	邱俊如		主编	39.00 元	2020.11 出版
商业银行审计	刘　琳	张金城		主编	31.50 元	2007.03 出版
金融企业会计	唐宴春			主编	25.50 元	2006.08 出版
（普通高等教育"十一五"国家级规划）						
金融企业会计实训与实验	唐宴春			主编	24.00 元	2006.08 出版
（普通高等教育"十一五"国家级规划教材辅助教材）						
新编国际金融	徐杰芳			主编	39.00 元	2011.08 出版
国际金融概论	方　洁	刘　燕		主编	21.50 元	2006.08 出版
（普通高等教育"十一五"国家级规划教材）						
国际金融实务	赵海荣	梁　涛		主编	30.00 元	2012.07 出版
国际金融实务（第三版）	李　敏			主编	39.80 元	2019.09 出版
风险管理	刘金波			主编	30.00 元	2010.08 出版
外汇交易实务	郭也群			主编	25.00 元	2008.07 出版
外汇交易实务	樊祎斌			主编	23.00 元	2009.01 出版

证券投资实务	徐 辉	主编	29.50 元	2012.08 出版
国际融资实务	崔 荫	主编	28.00 元	2006.08 出版
理财学（第二版）	边智群　朱澍清	主编	39.00 元	2012.01 出版

（普通高等教育"十一五"国家级规划教材）

投资银行概论	董雪梅	主编	34.00 元	2010.06 出版
金融信托与租赁（第二版）	蔡鸣龙	主编	35.00 元	2013.03 出版
公司理财实务	钊志斌	主编	34.00 元	2012.01 出版
个人理财规划（第二版）	胡君晖	主编	33.00 元	2017.05 出版
证券投资实务	王 静	主编	45.00 元	2014.08 出版

（"十二五"职业教育国家规划教材/国家精品课程教材·2007）

金融应用文写作	李先智　贾晋文	主编	32.00 元	2007.02 出版
金融职业道德概论	王 琦	主编	25.00 元	2008.09 出版
金融职业礼仪	王 华	主编	21.50 元	2006.12 出版
金融职业服务礼仪	王 华	主编	24.00 元	2009.03 出版
金融职业形体礼仪	钱利安　王 华	主编	22.00 元	2009.03 出版
金融服务礼仪	伏琳娜　孙迎春	主编	33.00 元	2012.04 出版
合作金融概论	曾赛红　郭福春	主编	24.00 元	2007.05 出版
网络金融	杨国明　蔡 军	主编	26.00 元	2006.08 出版

（普通高等教育"十一五"国家级规划教材）

现代农村金融	郭延安　陶永诚	主编	23.00 元	2009.03 出版
农村金融基础	郑晓燕	主编	30.00 元	2021.09 出版
"三农"经济概论（第二版）	凌海波	编著	35.00 元	2018.09 出版
商业银行网点经营管理	王德英	主编	28.00 元	2018.09 出版

二、高职高专会计类系列教材

管理会计	黄庆平	主编	28.00 元	2012.04 出版
商业银行会计实务	赵丽梅	编著	43.00 元	2012.02 出版
基础会计	田玉兰　郭晓红	主编	26.50 元	2007.04 出版
基础会计实训与练习	田玉兰　郭晓红	主编	17.50 元	2007.04 出版
新编基础会计及实训	周 峰　尹 莉	主编	33.00 元	2009.01 出版
财务会计（第二版）	尹 莉	主编	40.00 元	2009.09 出版
财务会计学习指导与实训	尹 莉	主编	24.00 元	2007.09 出版
高级财务会计	何海东	主编	30.00 元	2012.04 出版
成本会计	孔德兰	主编	25.00 元	2007.03 出版

（普通高等教育"十一五"国家级规划教材）

| 成本会计实训与练习 | 孔德兰 | 主编 | 19.50 元 | 2007.03 出版 |

（普通高等教育"十一五"国家级规划教材辅助教材）

管理会计	周 峰	主编	25.50 元	2007.03 出版
管理会计学习指导与训练	周 峰	主编	16.00 元	2007.03 出版
会计电算化	潘上永	主编	40.00 元	2007.09 出版

（普通高等教育"十一五"国家级规划教材）

会计电算化实训与实验	潘上永	主编	10.00 元	2007.09 出版

（普通高等教育"十一五"国家级规划教材辅助教材）

财政与税收（第三版）	单惟婷	主编	35.00 元	2009.11 出版
税收与纳税筹划	段迎春　于洋	主编	36.00 元	2013.01 出版
金融企业会计	唐宴春	主编	25.50 元	2006.08 出版

（普通高等教育"十一五"国家级规划教材）

金融企业会计实训与实验	唐宴春	主编	24.00 元	2006.08 出版

（普通高等教育"十一五"国家级规划教材辅助教材）

会计综合模拟实训	施海丽	主编	46.00 元	2012.07 出版
会计分岗位实训	舒岳	主编	40.00 元	2012.07 出版

三、高职高专经济管理类系列教材

经济学基础（第四版）	高同彪	主编	40.00 元	2020.08 出版
管理学基础	曹秀娟	主编	39.00 元	2012.07 出版
大学生就业能力实训教程	张国威　褚义兵等	编著	25.00 元	2012.08 出版

四、高职高专保险类系列教材

保险实务	梁涛　南沈卫	主编	35.00 元	2012.07 出版
保险营销实务	章金萍　李兵	主编	21.00 元	2012.02 出版
新编保险医学基础	任森林	主编	30.00 元	2012.02 出版
人身保险实务（第二版）	黄素	主编	45.00 元	2019.01 出版
国际货物运输保险实务	王锦霞	主编	29.00 元	2012.11 出版
保险学基础	何惠珍	主编	23.00 元	2006.12 出版
财产保险	曹晓兰	主编	33.50 元	2007.03 出版

（普通高等教育"十一五"国家级规划教材）

人身保险	池小萍　郑祎华	主编	31.50 元	2006.12 出版
人身保险实务	朱佳	主编	22.00 元	2008.11 出版
保险营销	章金萍	主编	25.50 元	2006.12 出版
保险营销	李兵	主编	31.00 元	2010.01 出版
保险医学基础	吴艾竞	主编	28.00 元	2009.08 出版
保险中介	何惠珍	主编	40.00 元	2009.10 出版
非水险实务	沈洁颖	主编	43.00 元	2008.12 出版
海上保险实务	冯芳怡	主编	22.00 元	2009.04 出版
汽车保险	费洁	主编	32.00 元	2009.04 出版
保险法案例教程	冯芳怡	主编	31.00 元	2009.09 出版
保险客户服务与管理	韩雪	主编	29.00 元	2009.08 出版
风险管理	毛通	主编	31.00 元	2010.07 出版
保险职业道德修养	邢运凯	主编	21.00 元	2008.12 出版
医疗保险理论与实务	曹晓兰	主编	43.00 元	2009.01 出版

五、高职高专国际商务类系列教材

国际贸易概论	易海峰	主编	36.00 元	2012.04 出版
国际商务文化与礼仪	蒋景东　刘晓枫	主编	23.00 元	2012.01 出版
国际结算	靳　生	主编	31.00 元	2007.09 出版
国际结算实验教程	靳　生	主编	23.50 元	2007.09 出版
国际结算（第二版）	贺　瑛　漆腊应	主编	19.00 元	2006.01 出版
国际结算（第三版）	苏宗祥　徐　捷	编著	23.00 元	2010.01 出版
国际结算操作	刘晶红	主编	25.00 元	2012.07 出版
国际贸易与金融函电	张海燕	主编	20.00 元	2008.11 出版
国际市场营销实务	王　婧	主编	28.00 元	2012.06 出版
报检实务	韩　斌	主编	28.00 元	2012.12 出版

如有任何意见或建议，欢迎致函编辑部：jiaocaiyibu@126.com。